書不盡言
言不盡意
有覺聖智
完成人格

辛卯冬 二〇一一年
九四耆童
南懷瑾

孟子与公孙丑

南怀瑾　著述

复旦大学出版社

出版说明

《孟子》是中国传统文化中重要的儒家典籍，也是研究孟子生平事迹及其学说最重要的资料。孟子生于战国时代，他继承了孔子的精神，始终为人伦正义、为道德政治奔走呼号，所以在《孟子》书中所记述的，不仅是为政的原理准则，更是人人身心道德修养的基本。

本书是南怀瑾先生关于《孟子》的讲记。《公孙丑》篇属于《孟子》的第二篇，分为上下两部分，记载了孟子与弟子公孙丑之间的谈话，大部分内容发生在齐湣王当政时期。《孟子·公孙丑》篇记录了孟子的政治观点、治国思想以及政治活动，涉及孔子、周公等众多历史人物以及当时各种纷繁复杂的历史事件，并论及中国文化的诸多问题。

本书原由台湾老古文化事业公司出版。兹经版权方台湾老古文化事业公司授权，复旦大学出版社将老古公司二〇一一年四月版校订出版，以供研究。

复旦大学出版社
二〇一七年四月

目录

出版说明 / 1

前言 / 1

公孙丑章句上 / 1

管仲的故事 / 3
管鲍之交 / 6
生死不易的知遇至情 / 8
历史的乘除 / 10
时势 机运 成功 / 15
由来才命两相妨 / 18
不动心的哲学 / 21
罗近溪的不动心案例 / 26
动心与不动心 / 29
澡雪精神心自安 / 34
武侠功夫的不动心 / 38
文武殊途同归的修养 / 43

修养哲学上的辩证 / 46
孟子的志气同源说 / 50
唯大英雄能本色 / 53
门户之争的动心 / 55
从心所欲的不动心 / 59
专于一　万事毕 / 62
养气功夫 / 66
理气不二论 / 67
浩然之气 / 71
浩然之气与正气歌 / 73
心气一贯 / 77
道家的炼气 / 80
治心与养气 / 85
平心静气 / 87
孟子养气的心法 / 92
蓬生麻中　不扶自直 / 96
闲话养气 / 98
言语相法 / 103
学行典型的讨论 / 108
圣人不自是 / 109
大哉孔子 / 112
唐明皇与孔子 / 118
孔子外传 / 123
素王的道德榜样 / 137
孟子时论 / 138
贤能与职位的界说 / 140

选贤与能的另一章 / 142
自求多福 / 145
业由心造　命不由天 / 148
历代帝制的心法 / 151
汉宣帝的论评 / 154
孟子的财经观念 / 158
崇祯安得不上煤山 / 162
不忍心问题 / 166
由四端看人性本善说 / 170
生活技能与道德 / 176
修行容易专志难 / 181
圣贤的人格分类 / 184

公孙丑章句下 / 189

天时　地利　人和 / 190
孟子的架子 / 193
受授礼则 / 207
牧民的职责 / 212
职责与言责 / 217
疑人不用　用人不疑 / 221
葬礼的演变 / 224
直道做人难 / 228
门阀　财阀　学阀 / 235
处世的艺术 / 240
五百年必有王者兴 / 246

前　言

自从一九七六年南师怀瑾先生讲完《孟子》以来，至今已是三十五个年头了。当时是应台湾《青年战士报》唐社长之邀请，在该社所做的公开讲课。为了使年轻听众易了解，南师是与历史配合，且以轻松浅显方式讲解，俾使听众能深入经典中的真义和精神。

《孟子》全书共七篇，第一篇《梁惠王》于一九八四年出版，书名为《孟子旁通》（一）。惟世事无常，次年南师又应邀前往美国，《孟子》其余各篇记录，皆随带至美，后又辗转各地，至今始得重启整理工作。

《孟子》这本书，是中国传统文化中重要的儒家典籍。孟子生于战国时代，他继承了孔子的精神，始终为人伦正义、为道德政治奔走呼号，所以在《孟子》书中所记述的，不仅是为政的原理准则，更是人人身心道德修养的基本。

数千年来，孔孟之道为什么如此受到重视？正如南师在《孟子旁通》前言所说，孔孟的一生，"始终为崇高的理想而努力，放弃了自我而为天下人着想，为千秋万代着想，因此也就受到人们一种超越的崇敬，称之为圣人"。

时至廿一世纪的今天，孔孟学说在世界各地皆有蓬勃而起的趋势，现《孟子·公孙丑》篇，已在南师指导下，先行整理出版，其余各篇，亦将加紧整理工作，陆续印行出版，以飨爱护传统文化的读者。

再者，本书虽为《孟子》的第二篇，由于各篇亦可单独阅读念诵，故而另定书名为"孟子与公孙丑"。未来各篇，亦将各定书名，不再沿用"孟子旁通"原书名。

《孟子》全书的讲解记录，原为蔡策当时中文速记，后再誊写，并略做初步整理。在手写的原稿中，也见有李淑君及另一人的整理笔迹，但迄未完稿。编者据此再做整理，完成工作。惟本书中小标题，仍保留蔡策所拟。

蔡策手写原稿，历经三十余年的岁月，颇多残破，外加零乱难识，经新加入的彭敬细心辨认，始得以输入电脑。

另义务协助校对、查资料等工作的谢锦扬、宏忍师等各位，在此也一并多谢了。

刘雨虹　记
二〇一一年一月于庙港

公孙丑章句上

孟子与公孙丑

前面《梁惠王》上下两章,是孟子一生学说思想的大纲。自《公孙丑》章开始,以下的每一章,都是根据上面的纲要,再加以发挥的。有关孟子的学说思想,以及孟子的心性修养,我们将陆续做补充说明。

以后的各章,内容更加丰富,讲起来就难免会牵涉到中国文化的许多问题。所以今后对于问题的讨论,将尽量做更深入的研究。而《孟子》本文,并不太艰深,也不古板,大家都能一目了然,所以在文字上,就不再详细地说明了。

但是对于《孟子》本文,大家最好能够多多朗诵,熟读会背,因为中国秦汉以后的古文,经常运用《孟子》这本书的笔法,其中有许多美好的词句,或被后人变化运用,或者成为名言,传诵不已。

譬如后世常用的"当道"二字,就是由《公孙丑》章的"当路"一词演变而来。"当道"即"当政",处于政治体制上的"要津",就是重要路口的意思。在从前,就相当于一人之下、万人之上的宰辅;但这个名词,在古文上,常被引用称那些官居要职掌握政权的人,并不只限于宰相一类的。在文学上,便有清人类似格言的两句诗:"当路莫栽荆棘树,他时免挂子孙衣。"诗格虽然平平,意义还真深长!

所以,现实掌握政权的重要人物,对于政治命令的发布,必须慎重地考虑,因为一个法令、政策,所影响的不止当时,更影响了几十年后人民的祸福利害。因此千万不可在办公室或会议所,因一时的痛快,订立新的政策或法令,并立刻颁布执行。这种做法,极易产生弊端,贻害社会。所以我常说,执政者是要负政治上的因果的。这两句诗确为警语,更说明政治立法与立言、立德的因果关系。

话说回来,《公孙丑》上下两章,是记载孟子师生间的对话,其中大部分的内容,是在齐国潸王当政时期,孟子再度到齐国的事。这次孟子在齐国,停留了一段不算短的时间。

> 公孙丑问曰:"夫子当路于齐,管仲、晏子之功,可复许乎?"孟子曰:"子诚齐人也。知管仲、晏子而已矣!或问乎曾西曰:'吾子与子路孰贤?'曾西蹴然曰:'吾先子之所畏也。'曰:'然则吾子与管仲孰贤?'曾西艴然不悦,曰:'尔何曾比予于管仲!管仲得君,如彼其专也;行乎国政,如彼其久也;功烈,如彼其卑也。尔何曾比予于是!'"曰:"管仲,曾西之所不为也。而子为我愿之乎?"曰:"管仲以其君霸,晏子以其君显。管仲、晏子犹不足为与?"曰:"以齐王,由反手也。"

管仲的故事

公孙丑是孟子的弟子,有一天他向孟子提出问题。他问,假使老师你在齐国执掌政权,能不能做到像名臣管仲和晏子所成就的那种功业呢?

孟子听了后,对公孙丑说,你真是标准的齐国人,只知道管仲、晏子这两个历史人物,好像天下就只有齐国这两个人,才能创建了不起的功业似的,而不知道除了这两个人以外,高明人物还多得是。孟子这句话,等于现在我们对人说:你真是一个英国人,只知道你们历史上有个丘吉尔;或者说:你真是一个美国人,只知道你美国有个罗斯福而已。这就是描写孟子的幽默,意思是说公孙丑坐井观天,看到井口那一点点天空,就以为整个宇宙只有那么大。

他幽默了公孙丑一下,然后又说,你知不知道过去曾经有人向曾子的孙子曾西说:"你和子路到底哪一个好?"曾西听到这个问题,就不安于座,在座上躬一躬上身,带着恭敬的口吻说:"你怎么拿我来跟子路比呢?连我的先祖大人曾子,对子路都是相当敬畏的,我怎么可以和他相提并论?"于是这个人又问曾西:"那么你和管仲比起来,哪一个比较好呢?"曾西听了这句话,马上转成不大高兴的脸色说:"你又怎么把我去和管仲比呢?管仲得到一位顶好的领导人齐桓公的信任,而齐桓公自己对于齐国大小事情都不管,完全交给管仲,由他爱怎么办就怎么办。"

在历史上,一个好的领导人,对一个幕僚长相信到如此程度,的确也只有齐桓公对管仲才做到。所以齐桓公能够做到春秋时候的五霸之一,甚至可说是五霸之首,并非偶然。更难得的是,他们两人原来是敌人,在战场上面对面作战时,管仲曾经对齐桓公射了一箭,刚好射在齐桓公的带钩上,幸好带钩上的一块铜片抵住了箭镞,没有射到腹部,否则齐桓公可能早就被管仲射死了。

讲到管仲,使人联想到,管仲与齐桓公之间的君臣际遇,与君臣相得之难。这种老板与伙计之间主从相得的情形,真是一件太不寻常的事。至于齐桓公与管仲、鲍叔牙三个人之间的君臣知遇,以及在朋友情谊上相处得如此尽善尽美,的确难能可贵。尤其管鲍之交的知心知己,更成为千古美谈。但也可以说,齐桓公与管鲍之间的相处,表面上固然有君臣的情感,而实际上,似乎还有一份朋友之间的真情感,这尤其是难上加难!我们如果拿后世西洋历史中大家所钦佩的德国威廉二世和俾斯麦来比,还不如反观自己历史上齐桓公与管鲍之交的这一段史实。这的确是一个领导人事业成功的榜样,说明君臣之间、朋友之间,必须要彼此信任,要同心协力,才能成就一件大事。

现在首先要讨论大家所知道,且乐于称道的"管鲍之交"的故事。

第一,管仲与鲍叔牙两人的交情,在一开始可以说是很不对称,在友道上来讲,能够相交实在太不容易。因为他们两人结交当初,管仲是个穷小子,鲍叔牙是有钱的少爷。虽然说古往今来,阔少爷结交个把穷朋友,也是寻常事,但难在这个有钱有势的鲍少爷,能够完全不在乎管老弟的贫穷卑贱,居然与他情同手足,平等相待。

第二,管仲在少年时代的行为,是恃才傲物、放荡不羁的一型;鲍叔牙是谨慎老实、比较贤良方正的一型。可是难在鲍叔牙能够深切认识管仲、欣赏管仲,对管仲的所作所为不但原谅,而且绝不见怪。

第三,在这段时期,管仲和鲍叔牙合伙经商,想来当然是由管仲出主意,怂恿鲍叔牙拿钱去做生意的。但到了结账分红的时候,管仲不管三七二十一,任凭自己的意思,拿走了大部分。别人看不过去,替鲍叔牙叫屈,鲍叔牙不但不见怪,反而说,管仲家里需要用钱,多拿一点去用,那有什么关系呢!

可是这两个人的交情中,所谓"管鲍分金"的事,还只是起头的序幕。更难得、更有趣的是第二幕,又加上一个主角齐桓公,以及最后落幕的一场,更会使人拍案叫绝,真是可以耀古烁今了。其中事情的经过是这样的——

管鲍之交

　　管仲和鲍叔牙两个好朋友，后来都走进了齐国的政治圈子，鲍叔牙帮助齐国的世子小白，也就是后来的齐桓公；管仲运气不好，帮助了另一位世子公子纠。不久，齐国因为争夺继承权而发生宫廷内乱，而且还牵涉到国际关系。这两兄弟为了争政治权力而大动干戈，变成仇敌，这段历史大家都知道，不必细说了。但在大动干戈的时候，管、鲍两人彼此各为其主，所以后来有管仲射了齐桓公一箭之事。但是，最后公子纠被杀，齐桓公胜利了，而管仲做了俘虏。齐桓公要报一箭之仇，非杀掉管仲不可。在这个紧要关头，鲍叔牙出面了。

　　他对齐桓公说："你现在虽然做了齐王，但你还想不想称霸诸侯、拥有天下呢？"齐桓公说："那是当然的，这还有什么疑问吗？"鲍叔牙说："如果你还想这样，不但不能杀管仲，还非得重用他不可。"这个齐桓公真像后来的汉高祖刘邦一样，只要被人轻轻在脚下一踢，他就明白了。当鲍叔牙说了这番话后，齐桓公愣住了，就反问鲍叔牙，管仲真的这么行吗？鲍叔牙就趁机推荐管仲，为他大吹大擂一番。齐桓公不但马上放了管仲，还虚心请教他，如何可以达成霸王大业的计划。管仲侃侃而谈，齐桓公一闻千悟，认为管仲是天下大才，马上拜为相国。甚至后来齐桓公还对管仲百依百顺，反而倒转来拍管仲的马屁，不叫他的名字，而尊称他为"仲父"，使他死心塌地、服服帖帖地为自己尽忠尽心。

管仲与齐桓公、鲍叔牙三人之间的一段故事，最妙的关键，还不止于此。当管仲被俘虏了，正在岌岌可危、将要被杀头的时候，人人都为他担忧，但是管仲却安心得很，反而很高兴地认为，自己马上要转运，有机会可以大展抱负了。因为他断定，他的好朋友鲍叔牙，一定会出死力保荐他。除非齐桓公无大志，如有大志，想创大业，一定会吃鲍叔牙这一剂药，非要用他不可。

事情发展的结果，果然不出管仲所料，这便是所谓"管鲍之交"难之又难之处。如果是后世或现代的一般人，碰到这种情形，生怕朋友拖累了自己，哪里还敢死力保荐一个被俘的敌对人物呢！因此后世还有人以己之心度他人之量，而说管仲与鲍叔牙两人早就商量好的，把力量分开来投资，各帮一个老板，不管哪个成功，他们两方都会互相保荐而得富贵。当然，不能说世间一般人，绝对没有这种投机取巧的意图，但也不能说人与人之间，没有真正的道义啊！随便以假设而厚诬古人，未免有伤厚道，后人真是聪明太过了！

齐桓公自从重用管仲之后，他便成就了"一匡天下，九合诸侯"的功业。也就是说，他做了当时全中国诸侯的盟主，等于现代国际上联合国的主席，自己不用太操心，一切都由管仲包办，替他完成。齐桓公还是一个吃喝玩乐的高手，他本来就是一个浪荡不羁的公子哥儿，好吃也好色；所不同的是，一方面有公子哥儿型爱好吃喝玩乐的个性，一方面又具有霸主的雄才大略。所以他能够豁达大度，完全信任管仲，由他一手包办。管仲在当时，也就等于诸侯国间的执行秘书长。事实上，他的权力，几乎仅次于齐桓公，好像是个副霸主似的。不过他也具有才子型贪图享受的个性，并非像儒家标榜的淳朴君子。可是他们君臣之间，好像最要好的朋友一样地互信互谅，实在是一件太不容易的事。因此孟子在本章中提到曾西的话，其中便有"管仲得君，如彼其专也；行乎国政，如彼其久也"的评语了。

生死不易的知遇至情

但是管鲍之交的历史故事，到这里还不算是高潮的顶点。最妙的是在最后的一幕，当管仲快要死时，齐桓公有点着慌，不知道怎么办才好，因为后继的人才实在难找。所以他亲自来探看管仲病情，同时很着急地问管仲，万一你不在了，我应该找哪个接替你的任务才好？桓公并且提出了管仲的好友鲍叔牙来做继任人选，想来管仲一定会同意。但是管仲却马上反对，认为不妥。他的理由是，鲍叔牙是好人，也很方正，一个方正的大好人，在做人的道德上是第一等人，但是非常复杂的政治重任，并不是一个一味讲究方正的好人所能担当的。

我们一般人的想法，管仲一生之中得鲍叔牙的恩惠太多——穷困时，在生意分红上占了便宜；被俘虏时又救了自己的命，还推荐自己做了齐国的宰相。现在鲍叔牙快要死了，应该把这个高位让给鲍叔牙来接手才对，不料他竟在齐桓公的面前断然否决了。齐桓公问他为什么反对鲍叔牙接他的位子，他说：鲍叔牙是一位好好先生，怎么可以做这种勾心斗角、时时刻刻都要用权术的事？如果让这个好人来做，那么不但鲍叔牙完了，齐国也会垮的。事实上，管仲这种话，也真的是为了爱护鲍叔牙、爱护齐桓公和齐国而说的。

后来鲍叔牙知道了这件事，很欣慰地说：管仲真是最了解我的好朋友,我的确不能担当这个职位,如果做了,说不定脑袋都保不住。

他们相交的情谊,就是如此地真挚,如此地感人。他们两人在事业上,只有鲍叔牙推荐管仲,管仲从来没有推荐过鲍叔牙。可是两人交好,真正的知己之处,却不是我们通常交友所可想象的。现在人谈"管鲍之交",只看到前面分红利的那一段,而且希望对方是鲍叔牙,自己永远是管仲。

再回过来说,齐桓公对管仲之专信,在历史上的确是少有的。我们常喜欢以三国时代刘备对诸葛亮说的,自喻如鱼得水的情形,来作为君臣之间、宾主之间信任的典范。其实刘备信任诸葛亮,并不及齐桓公信任管仲那么专。诸葛亮的事业,都是在刘备死后才做出来的。换言之,诸葛亮在刘备死了以后,才更有权力和条件发挥自己的才干,完成更大的功业。而刘备的器量,因为不及齐桓公,所以他的事业,始终限于天下三分之一的局面。正如李宗吾曾说的三国时代这三个人的笑话:曹操是心黑脸不厚,所以陈琳作一篇檄文骂他的时候,他还会脸红头痛。而刘备则是脸厚心不黑,手段不够毒辣,所以刘备的天下是哭出来的,到处扮成惨兮兮的样子,赚人的同情。至于孙权是心黑但不够黑,脸厚但不够厚,都不到家。以李宗吾的厚黑哲学来说,在他的"厚黑学校"里,这三个人都是不能毕业的学生。虽然这是李宗吾的玩世笑话,但也有他的一面歪理。

不过,领导人固然应该相信高级干部,但作为高级干部的,是否值得领导人去如此信任呢?是否具有忠诚、才华、品德、能力等应具备的条件呢?像这样优秀的人才,实在不容易找到,而管仲的确有值得齐桓公专信的地方。

上面是孟子引用曾西所说"管仲得君，如彼其专也"一句话所引起的闲谈，这是管仲当政的第一个因素。此外曾西再举出第二个因素，是管仲在齐国当政四十年之久，的确是段不短的时间，努力经营下来，成绩自然可观，使齐桓公在国际上称霸。可是曾西认为，管仲对于人类社会并没有什么特殊的贡献，并没有留下永垂千秋的建树，成就并不算高。所以曾西会不高兴地说，"管仲，曾西之所不为也"，你怎么拿我和管仲比较呢？

这是孟子引用曾西和别人谈话中的故事，这一段史料只在这里由孟子口中说出。

于是孟子接着对公孙丑说：管仲这个人，曾西都不愿和他比，你怎么把我看得那样差劲，竟拿我去比管仲呢？

公孙丑说：老师！管仲辅助齐桓公，称霸天下达四十年之久——在现代来说，差不多有半个世纪了；而晏子后来辅助齐景公，也使齐国成为国际间的大国，使齐景公成为著名的国君，这样的两个人，你还认为不行吗？

历史的乘除

孟子说：使一个国家称霸，使一个国君成名，又算得了什么？我认为要使齐国称王天下，就像自己把手掌翻过来一样的容易。我们现代的成语"易如反掌"，就是从孟子这句"由反手也"来的。孟子说得如此容易，我们可以说他的牛可吹大了。且看下文。

曰："若是，则弟子之惑滋甚！且以文王之德，百年而后崩，犹未洽于天下；武王、周公继之，然后大行。今言王若易然，则文王不足法与？"

曰："文王何可当也？由汤至于武丁，贤圣之君六七作，天下归殷久矣！久则难变也。武丁朝诸侯，有天下，犹运之掌也。纣之去武丁未久也，其故家遗俗，流风善政，犹有存者。又有微子、微仲、王子比干、箕子、胶鬲，皆贤人也。相与辅相之，故久而后失之也。尺地莫非其有也，一民莫非其臣也，然而文王犹方百里起，是以难也。"

孟子上面说，使齐国称王天下，就像自己一翻掌那么简单。公孙丑听了，对他老师的话表示怀疑，他说：照老师这么说，使齐国称王天下，像把自己手掌翻过来那么容易，这就使我愈来愈糊涂了。就以历史的事迹来说，称王天下谈何容易，像周文王这等人才，当政差不多百年，他当时那样地厉行仁政，也并没有完成一统，还是靠了他的两个儿子——武王和周公继续努力下去，然后慢慢经过了百多年才成功的。

实际上，周朝统一天下，掌握政权达七百多年之久，这样深厚的基础，并不只是周文王父子两代奠定下来的，而是由古公亶父，乃至远溯至公刘，更向上推至后稷，这样好几百年一路下来奠定的基础。犹如秦始皇的并吞六国、统一天下，也不只是秦始皇的功劳，而是秦国在一两百年前，就开始建基的。并不像后世来自民间的帝王，例如明代朱元璋那样，原来只是一个落魄的和尚，结果在民间突然崛起，做了统治全中国的皇帝，这是特殊的现象。这也就是古今时代不同、社会环境不同而产生的不同模式。

我们再看看"治世百年，殷之顽民未化"的历史记载。周朝的政权建立了一百年以后，前朝的遗民、殷商的拥护者，仍然不肯接受周朝王道德政的感化。由此可见教化社会人心的困难，这是我们读历史必须注意的一个关键。以文、武、周公之德、之才、之能，"治世百年"尚且"殷之顽民未化"，便知天下事，实在不像翻一下手掌那么容易。这也就难怪公孙丑要"惑滋甚"，对他老师孟子"以齐王，由反手也"的话想不通了。

所以公孙丑说：你说王天下那么容易，那么文王也不值得效法学习啰？这是公孙丑用孟子的话，反过来向孟子质疑。因为孟子是最推崇文、武、周公的，所以公孙丑现在这样发问，等于说：那么老师你比文王、武王，比周公还要伟大，还要高明了？

孟子对于文、武、周公、孔子，始终尊敬如一。他说：如果以文王来比我，那又不敢当。不过我说我可以使齐国称王，是另有理由的。当年文王、武王的情形和现在不一样，首先，文王、武王当年的对象，是前朝商汤。商朝由汤王传到武丁的这一阶段，有数百年之久，其间有过六七位圣贤之君。五六百年间，出六七个圣贤的君主，这是很难得、很了不起的盛世。我们算算历史的账，在以往的历史中，以武力最强、文化又发达的汉唐两代来说，汉代在汉高祖以后，文帝、武帝、宣帝之外，没有几个好皇帝。唐代在唐太宗以后，也没有几个好皇帝，唐明皇算是半个，但是到他年纪大的时候，也就糊涂了。还有一个唐宣宗，他也是做过和尚的，虽然他没有真的出家，但的确也剃了头，做了一阵禅和子，与黄檗、香严禅师都是要好的同参道友。有一次他与黄檗同住在江西的百丈山上，曾因同观瀑布，和黄檗联句作诗，不过也有人说和宣宗联句的是香严禅师，并非黄檗。这首诗是这样的：

千岩万壑不辞劳　远看方知出处高（黄檗起句）
溪涧岂能留得住　终归大海作波涛（宣宗联句）

后人看了唐宣宗的末句"终归大海作波涛"，认为这是唐室衰微的谶语，因为唐朝自宣宗以后，即天下大乱，接近尾声。还有宣宗做和尚时，题百丈岩的一首诗也很好：

大雄真迹枕危峦　梵宇层楼耸万般
日月每从肩上过　山河长在掌中看
仙峰不间三春秀　灵境何时六月寒
更有上方人罕到　暮钟朝磬碧云端

这都是他少年时代，为了逃避唐武宗的猜忌，剃头出家去学禅时的作品。据《林间录》记载，他全靠太监仇公武的庇护，剃头出家去参禅，也是仇公武的计划。这个姓仇的太监，大有比拟丙吉当年保全汉宣帝的大功。唐宣宗说"日月每从肩上过，山河长在掌中看"，日月星辰都从他的肩头上运行过去，大地山河也在他的掌中一览无遗，这到底还是帝王的气魄。后世称宣宗为唐朝的中兴之主，因为他来自民间，深知民间的疾苦，和汉宣帝的情形相似，汉唐这两个谥号"宣"字的皇帝，和周代的宣王一样，都是中兴之主，还算是很不错的。

我们从后代历史上的事迹，可以证明孟子的话。一个朝代，在五六百年之间，出了六七个圣贤之君，是很不容易的事。孟子又说：在商汤的时候，天下人心归向商朝，是经过很长很长的时间养成的，这种归顺服从的时间一久，一时是很难改变的。这可以说是人类的好习惯，也可以说是人类对历史的惰性。大而言之，一个国家民族对于自己历史文化的习性，是很难改变过来的；小而言之，个人的习性，也是很难改变的。想把一个旧的传统变过来，十分不易，而且传统愈久愈是难以改变。

接着孟子又说：所以到了商汤时期由武丁领导天下的时候，能使诸侯都来诚心朝贡，好像也是轻而易举，像在手掌上运用的事情一样。就是到了末代纣王时，这位商朝最后也是最坏的一位帝王，虽然他很坏，但距离他的祖先、那位名王武丁"朝诸侯，有天下"的时代，并不太远。上代商朝世家忠臣，遗留下来的好风气、好政绩、好政体、好制度并没有变，所不同的只是纣王个人的暴虐而已。同时，纣王时代辅佐他的同宗之中，或是纣王的叔伯，或是纣王的兄弟辈，还有微子、微仲、王子比干、箕子、胶鬲等，许多的贤人。只是商朝到了这个时候气数已尽，刚好传到暴虐的纣王手里，如果是由商朝宗室的这些贤人中任何一个来当帝王，那么周朝就起不来，也不可能革命了。因为这个时候，纣王宗室的贤人们，都还在全心全力辅助商朝，所以纣王虽那么暴虐，周朝也要等待时机。久而久之，等商朝的根基先自行崩坏、气势衰败的时候，周朝才能起来。除了历史文化上的时间因素之外，当时的实际情形是，天下领土皆属纣王，人民皆是纣王的臣民，商王朝人众土广。而文王当时，不过只有方圆百里的一点点领土，以及少数人口。以这样悬殊的现实力量，对抗历史久远的殷商王朝，便可理解周朝的崛起，是多么的不容易。

齐人有言曰:"虽有智慧,不如乘势;虽有镃基,不如待时。"今时则易然也。夏后、殷、周之盛,地未有过千里者也,而齐有其地矣;鸡鸣狗吠相闻,而达乎四境,而齐有其民矣。地不改辟矣,民不改聚矣;行仁政而王,莫之能御也。且王者之不作,未有疏于此时者也;民之憔悴于虐政,未有甚于此时者也。饥者易为食,渴者易为饮。孔子曰:"德之流行,速于置、邮而传命。"当今之时,万乘之国行仁政,民之悦之,犹解倒悬也。故事半古之人,功必倍之,惟此时为然。

时势　机运　成功

刚才讲述孟子为公孙丑解惑的一大段道理,中间有好几处转折,有好几个理由。他滔滔不绝地一直说下来,公孙丑也插不上嘴了。如果以现在的谈话形式和技巧来说,一定是说第一点、第二点、第三点,逐项加以分析。古人没有这一套,用不着这样一条一条排列起来,因为听的人一听就知道了。现代人讲话,如果不分别列举,听话的人会指说话的人不合逻辑,没有条理,不聪明。不知道究竟是古代的人不聪明,还是现代的人不聪明,这实在很难定论。

到这里公孙丑还是插不上嘴,孟子继续讲下去,应该是讲到第四点了。

孟子这里引用的话非常好。公孙丑是齐国人,问的是假如孟子在齐国当政将会怎样,又引用了齐国的两个历史人物管仲和晏子到问题中来,更讨论到齐国称王于天下的事。虽然孟子一开头就说了公孙丑"子诚齐人也",仅知有齐国而已。说到这里,他还是引用了齐国的成语来说明他的论点。

齐国是姜太公(尚)之后,文化相当深厚。孟子说,你们齐国有句名言说:"虽有智慧,不如乘势;虽有镃基,不如待时。"这两句成语,也是道家思想的结晶,经过孟子一引用,更变成后世的名言,成为哲学上一个不易的定理。

青年同学们,现在读《孟子》,对于这句话最好能够牢牢记住。我们幼年时读书,读到这一类美而又有至理的名句,便立刻熟读、立刻背诵,到老还是牢记不忘的。

这句成语是说,虽然你有聪明绝顶的智慧,但是客观环境还没有构成有利的形势,所以你还是没有办法成功的。也就是说,一个聪明人,因客观的形势不利,也是没有办法成功的。比如骑上摩托车,不能在刹那间就到达目的地,一定要车轮转动的那一股势,发生动力,才能到达。如果没有这个"势",而空想到达,那只有进精神病院了。

其次,你虽然有了无比坚固的基础,还是要等待时机,才能发生功用。所谓时机,也就是现代所讲的"命运""机会"。机会不来,你纵然有天大的本领,也是枉然。我们现在看电视,蛮舒服的,可是由发明电视机而到电视机成为全人类的需要品,就要一段时间和机运了。所以发明电视的人,并没有发财,后来的人捡现成而做电视生意的,反而发财致富,这就是时机的关系。在他来说,虽有发明的能力,但运气未到。历史上很多发明家们,常有潦倒而死的结果,皆时运未通。可是后人利用他的发明,却大发其财。所以读了《孟子》这几句话,想到一些不逢时机的事情,不禁喟然而叹,却也不禁要点头一笑说,果然不错。就如以谈"空"为主的佛法，也是注重时机因缘，何况世事是一切有而不空呢。

不过，时机来了，不晓得把握，又有什么用？我常说第一流智慧的人，创造机会；第二流的聪明人，把握机会；而愚笨的人错过机会，失去了以后又不断抱怨。如同赶公共汽车，第一流的人，先买好票，先站在第一个位子等着，车子一到，首先上去，有舒适的座位。第二流的人，买好票，刚好能挤得上去。第三流的人，公共汽车开过了，他在后面跑步追赶，赶不上了，便在公共汽车后面的一团黑烟中，大骂山门。不过世界上这一流的人居多，也许我们就在此辈之中吧！

古今中外，不知埋没了多少人才，都是因为自己没有乘势，或没有待时，或无势可乘，或时机早已过去，或是时机迟迟不来。这些也可归之于命运，所谓生不逢时，虽有才能也毫无用处。就好像算命的说，命好运不好，命是帝王之命，可是始终轮不到你上座，一生倒霉运，又奈何？！

讲到乘势与待时，确是事业成功的重要因素。不但个人事须乘势待时，家庭事、社会事、国家事、天下事，莫不如此。即使有了智慧，有了基础，还是要乘势，还是要待时。

又如大家都知道宋朝有两位爱国诗人，一个是陆放翁（游），一个是辛稼轩（弃疾）。他们在少壮时代，皆是意气凌霄、豪情万丈的人物，当时生逢乱世，国运艰难，也真有时势造英雄、英雄造时势的气概。

但到了他们的晚年，一切的豪情壮志，都归到孟子所说"虽有智慧，不如乘势；虽有镃基，不如待时"的哲理名言之领域了。所以陆放翁有一首诗《书愤》说：

早岁那知世事艰　中原北望气如山
　　楼船夜雪瓜洲渡　铁马秋风大散关
　　塞上长城空自许　镜中衰鬓已先斑
　　出师一表真名世　千载谁堪伯仲间

辛稼轩则有一首题为"有客慨然谈功名，因追念少年时事，戏作"的词：

　　壮岁旌旗拥万夫　锦襜突骑渡江初
　　燕兵夜娖银胡䩮　汉箭朝飞金仆姑
　　追往事　叹今吾　春风不染白髭须
　　却将万字平戎策　换得东家种树书

由来才命两相妨

孟子又引用了这两句当时齐国的谚语，再来说明当时齐国的势与时的情形。他说"今时则易然也"，现在齐国的时机到了，齐宣王欲王天下，容易得很。

孟子替齐宣王算命，知道这正是行仁政王天下的时候；而这个时势，却不利于他自己。"明知其不可而为之"，这正是儒家的精神，圣人的用心。孟子志在淑世、救世，不计较自己本身的利害。

他说以齐国当时的形势来讲，土地、人民的力量，与历史上的夏后、殷、周时代，不可同日而语。当他们——夏后、殷、周兴盛起来的时候，领土的幅员还没有超过千里，而现在齐宣王的领土已经超过了千里，人烟稠密，农业生产发达，经济稳定，社会一片繁荣。到了这种地步，没必要再扩充领土，也不必用心经营，招揽百姓。土地与人民这古代政权的两大资本，齐国这时都充足了，已经有很富强的实力，假使这时候齐宣王能行仁政而称王，谁也抗拒不了。

同时，孟子又在"时"这个因素上，指出当时齐国正是得时之利的时候。他说：以历史时代而言，从周文王到现在，已经七百多年，在这么长久的年代中，从来没有以王道政治来领导天下的王者。周朝只有在文王到成王这段时间是兴盛的，自成王以后，就衰败下来了。而今到了战国时期，多年来，老百姓都在紊乱或者暴虐政治下，辗转流离，在痛苦呻吟中挣扎，尤其到了七百年后的这个时代，情况更加严重。

这时孟子又说了两句名言："**饥者易为食，渴者易为饮。**"后来，在中国文化中，这两句话几千年来经常被人引用，尤其在政治理论方面。肚子饿了的人，容易满足"食"的欲望，饭也好，面包也好，吃起来都觉得好。肚子饱的人，一天到晚山珍海味，吃多了、吃腻了，吃到后来，吃什么都觉得不好吃。同样的，"**渴者易为饮**"，口干的时候，什么都可以喝，沟水、马尿都是好的，渴极了的人乃至可以吸自己的血，舔自己的汗水。

这里，孟子以饥渴的情形，来比拟当时老百姓对于良政的渴望，他并且引用他所崇拜的孔子所说的话："**速于置、邮而传命。**"德化的流行散布，比驿站、车马传送命令还快。

这个"邮"字，和现代邮政的"邮"是同一个意义。所以邮政这一制度远在周代已经有了，后来又改称驿站。不过古代的邮驿，是由政府办理，专门为政府传递公文的，老百姓无权享受这种制度的便利。我国自清末设置文书传递和私人通信的机构制度，便采用周代这种公文传递制度的"邮"。在孟子那个时代，交通方面，最快的就是这种邮政交通了，如果用现代事物来比喻，则应该说犹如卫星转播一样地快速了。

孟子最后下结论说：在现在这个时候，像齐国这样有万乘战车的大国，如果出来实行仁政，天下百姓都会很高兴的。从春秋时代开始，差不多二三百年间，老百姓好像倒悬着，过着痛苦不堪的日子，如果齐国能够实行仁政，等于把倒悬他们的绳子解下，他们会欢喜不尽的。所以现在行仁政，较之古代事半而功倍。后世"事半功倍"的成语，就是从《孟子》这里习用而来的。前面《梁惠王》上下章的内容，几乎全是记录孟子劝魏、齐两国国君行王道的重要。

讲到这里，使我想起宋朝理学初起的情况，当时，主力派的儒家学者，极力尊崇孔孟，后来发展为宋儒的理学。他们自认是尧、舜、文、武、周公、孔子道统的传人，但是其他一般的学者并不同意他们的论点，认为他们是自我标榜、矫枉过正。所以后来写《宋史》的学者，便把儒家理学派定名为"道学"，把一般儒家学者定名为"儒林"。

在当时的儒林学者中，有一位名叫李泰伯的，对孟子有反感。因此另有一名儒士，要向李泰伯骗酒喝，便作了两首讽刺孟子的诗送给他，骗来三天大醉。诗中有两句，可说是对孟子生平"鸡蛋里挑骨头"："当时尚有周天子，何事纷纷说魏齐。"

那么孟子当时为什么栖栖遑遑，要游说魏齐行王道？这里就是孟子的答案，他认为这个时候是必须施行王道的好时机。也可以说，孟子确实认为当时需要革命，不必礼尊周天子了。因为当时周天子的权力名存实亡，可能只有现在一个乡镇长那么大而已。大家给他饭吃他就吃，不给他吃他也只好坐在那个天子位子上等待，还欠了一身债。"债台高筑"这个成语，就是从周赧王来的。所以，孟子当时准备把尊周天子为"正统"的历史包袱甩掉。孟子当时所看到的，是天下老百姓的痛苦生活，因此他所要做的，是解救老百姓的痛苦。他提出"民为贵，社稷次之，君为轻"的思想，完全是菩萨心肠，所以孟子早在当年就有民主、民权、民生的思想。下面就讲到孟子的学术思想。

> 公孙丑问曰："夫子加齐之卿相，得行道焉，虽由此霸王不异矣。如此，则动心否乎？"孟子曰："否！我四十不动心。"曰："若是，则夫子过孟贲远矣。"曰："是不难，告子先我不动心。"

不动心的哲学

公孙丑问孟子：老师！假使齐宣王请你当卿相，你的理想就可以实现了。在功成名遂的时候，你动心不动心？孟子说：不！我早在四十岁的时候，就到达了不动心的境界。

孟子说的是老实话，孟子和公孙丑谈这些话的时候，应该是再度到齐国，正是他已过中年了。他告诉公孙丑，早在他四十岁的时候，对于任何荣耀困辱，都可以不动心了。他学孔子真学得太像了。在《论语》中孔子说他自己："十有五而志于学，三十而立，四十而不惑，五十而知天命，六十而耳顺，七十而从心所欲不逾矩。"孟子的四十不动心，等于孔子的"四十而不惑"。

说到"四十而不惑"，想起一则笑话。在明朝时，有一个人读《论语》中孔子这段话，便做恍然大悟状，说自己读通了《论语》，有一大发现：原来孔子少时生了病不能走路，大概是小儿麻痹症，到了三十岁才能站起来，所以叫做三十而立。到四十岁两腿才有力量，可以随意走路了。这是一则讥讽书呆子的笑话，但也可见古今青年人的调皮都是一样的。

讲到孟子说的不动心，这的确是一个大问题。他的"不动心"这句话，影响了后世中国文化讲学问、谈修养，关系太大了。

以中国文化的本位立场而言，孔孟思想的文化基础，历史最为悠久。从佛家角度讲，后来佛教的思想虽然流布中国，但已经迟于孟子五六百年；即使以最早的史迹计算，佛教最初于汉明帝时传入中国，也迟了孟子约三百多年。再以道家的文化来说，原始的道家并没有谈到"不动心"的问题，后世道家提出类似"不动心"的修养方法，也比孟子迟了四五百年。而儒家文化，后世的中国儒家，尤其是宋朝以后，理学家的一切修养，差不多都是以"不动心"为学问修养的中心话题。至于学佛的人讲修持功夫，也是与"不动心"有类似之处，只是名称不同，叫做不生分别，或不起妄念。所以"不动心"是很值得讨论的题目。但在讨论"不动心"这个中心问题之前，我们先问一个轻松的问题。

试问诸位，孟子当时说不动心的时候，你说他究竟动心没有？照逻辑论辩的方法来讲，他动心了。他在齐宣王、梁惠王他们面前，拼命地鼓吹。如果他不动心，则又"何事纷纷说魏齐"？严格地说，悲天悯人，正是圣贤和大英雄的动心之处。所以说,什么叫做"不动心",是很难下一个定义的。

从唐宋以后,佛家也好,道家也好,儒家也好,各家做修养的功夫,都希望做到不动心。直到现在,学禅、学道,不管哪一宗派的修法,凡是讲究静坐功夫的,也都是希望做到不动心。只是唐代以后的禅,改变了一个名词,叫做"无妄念"或"莫妄念"。其实,名异而实同,换言之,后世佛家的修持功夫,更是强调不动心的重要。

佛学、禅学等,讲不动心的资料太多了,我们只取简单扼要而且有趣味性的来说。例如唐代诗僧贯休和尚的《山居诗》,便是强调不动心的代表作。他说:

> 难是言休即便休　清吟孤坐碧溪头
> 三间茆屋无人到　十里松阴独自游
> 明月清风宗炳社　夕阳秋色庾公楼
> 修行未到无心地　万种千般逐水流

他这首名诗,代表了一般学禅者的观念,他一开始的意思便说:哪一个能做到说放下就完全放下的?第二句以下是写真正出家人的修为,一个人冷冷清清,孤独地在高山之上或在溪流清寂之处吟唱静坐,三间茅屋,十里松风,那是多么幽美的胜境。月明之夜,夕照秋林,也正是最好的良辰美景。但此时此地外境虽然清净,最重要的还是要靠自己无心才算是真清净;如果"修行未到无心地",这些净境也只有徒添愁思,修行也是白修,真是"万种千般逐水流"了。这两句便是直接说明,修行不达到这种不动心的无心境界,一切的一切,仍然是随波逐流而去,不足道也。

这是利用贯休和尚诗句的文学境界，来说明禅宗乃至佛学其他各宗派的原则，都是着重在不动心的一面。这首诗比任何佛学的术语，或经文的解释，都更为简单明了。

此外，明代有名的诗僧栯堂，也有一首诗说：

心心心已歇驰求　纸帐卷云眠石楼
生死百年花上露　悟迷一旦镜中头
人言见道方修道　我笑骑牛又觅牛
举足便超千圣去　百川昨夜转西流

"心心心已歇驰求"，这就是讲不动心，一切的妄心都已真正地空去，此心再也不向外面去驰求乱跑。

"纸帐卷云眠石楼"，这要真正有道行的人才做得到，普通人做不到，勉强去做，一定会伤风感冒。过去有许多修行人，住在高山顶上的石洞里，连窗子都没有，云雾随时可以进来，潮湿得很，一层层的云气，又冷又重，绝非都市里的大厦可比。

"生死百年花上露"，这是指生命的短促。活了一百年，算是上寿，但是以整体生命的历程看来，这百年的人生只是分段生死的一节，也只不过像早晨花瓣上的露珠一样，太阳一升起，就蒸发得无影无踪了。

"悟迷一旦镜中头"，这是引自《楞严经》中的典故。在《楞严经》中，释迦牟尼佛说了一个故事：有个人名叫演若达多，一天早上起来照镜子，看到镜子里面有一个头，心想我自己的头到哪里去了？愈想愈不对，看不见自己的头，因此他疯了。只有等到他有一天再照镜子的时候，想到自己的头原来仍旧在自己身上，他才会恍然大悟，不再发疯了。人，只有这样一条自救之路，所以悟与迷的道理，就在这种地方。自去迷，也自去悟，说佛在哪里，你本来就是佛，只是你没有找到自己而已。

"人言见道方修道"，一般人都说，求到了法，见到了道，才开始修道。"我笑骑牛又觅牛"，人本来就在道中，何必再去求道见道，这等于骑在牛背上还要去找这头牛。如果懂得骑牛觅牛是错误的，那么"举足便超千圣去"，一下子就超过了儒、释、道三教的圣人境界，自己自然就是一个平平实实的本来人了。"百川昨夜转西流"，这是倒过来说的。以前中国人说的"天上众星皆拱北，人间无水不流东"，天上的众星，都是拱卫着北斗星，这是不错的。至于"人间无水不流东"，是中国人的话，在其他的地区来说，也可能是"人间无水不流西"。而栴堂这句诗，并不是指现实世界的川流而言，只是作诗的一种"比兴"技巧，指修道而言，只要反求诸己，一夜之间，即可还我本来。

佛家的这些文学作品，是不是都代表了不动心呢？尤其学禅的人，更喜欢大谈《六祖坛经》的"无念"。"无念"不就是"**不动心**"吗？学佛修道做功夫的人们，打起坐来，盘腿固然困难，想"**不动心**"更是做不到，这是最痛苦的。要做到不动心是很困难的。

孟子说他四十岁已经做到了不动心，依照这样计算，他大约做了二十几年的功夫。从孟母带他三迁，长大成人后，他一直走圣贤之路，起码花了二十多年的功夫，才做到不动心的境界。后世的理学家们，大部分都只注意孟子这里所谓"**不动心**"的功夫和"**不动心**"的境界。

不过我们要了解一点,公孙丑是问孟子,如果你做了齐国的宰辅,一人之下,万人之上,功成名遂的时候,你动心不动心?这好比我们如果访问美国总统卡特(当时的美国总统),问他由花生农夫而当选美国总统,动不动心?卡特是美国人,他一定说:"我很高兴,非常兴奋,当然动心啊!"这也是西方人可爱之处。如果问到中国人,受了传统文化的影响,多半是说些谦虚的话,才算是有涵养,所以最多是说"没有什么""诚惶诚恐""勉为其难"等门面话而已。

罗近溪的不动心案例

由于孟子与公孙丑的对话,提到"不动心"的问题,自秦汉以后,一直到十九世纪末期,两千多年的中国文化体系中,谈修养,讲事功,或多或少都受到孟子所谓"不动心"这句话的影响。尤其是宋明以来,标榜以儒家正统自居的理学家们,大多数更是如此。其实,自汉魏以后的道家和佛家也受到这句话很大的影响。因为佛道两家的修养方法,所谓讲究修持、注重修为功夫的内涵,基本上,和孟子讲的"不动心"是异曲同工的。

道家学说宗主老子的"为无为",乃至于一变而成为道教的以"清静无为"为宗旨,原则上,当然都要建立在"不动心"的基础上,那是毫无问题的。等而下之,例如后世道家的神仙丹道派谈修为、修养,所谓"攒聚五行""还丹九转"的方法,都是先锻炼好精气神,做好筑基的功夫。而筑基功夫的大原则,还是以"不动心"为主。丹道家的名言所谓"开口神气散,意动火工寒",便是描述动心的作用。

现在再来看看理学家们"不动心"的学问与修养。由宋代兴起理学开始,经过百年,其间的学者大儒很多,讲心性修养的微言妙论也太多了,我们只是"任凭弱水三千,我只取一瓢饮"。换言之,也只找一个"不动心"最明显的例子来说,所以便采用《明儒学案》中罗近溪的一段。

罗先生是王学的后起之秀,也可以说是王阳明门下杰出的大儒。所谓王阳明的姚江心学,有两位特出的人物,一位是王龙溪,一位便是罗近溪。不过,到了罗近溪的时代,王学已近末流,同时明朝的政权历史也将近尾声。一般认为,王学到了末流,已近于禅,好像不能算是正规的儒家理学似的。其实,这是门户之争、派系之见的论调,亦是以真儒自我标榜的攻讦之说,也就是正学与伪学、真儒与伪儒,在思想意见上争斗的丑陋相,事出题外,就不多做讨论了。

在这里,我们只说罗近溪一生学问修养中,有一段相当长的时间,都在做"不动心"的功夫。《明儒学案》摘录他经历的一段话说:

又尝过临清,剧病恍惚,见老人语之曰:"君自有生以来,触而气每不动,当倦而目辄不瞑,扰攘而意自不分,梦寐而境悉不忘,此皆心之痼疾也。"

先生愕然曰:"是则予之心得,岂病乎?"

老人曰:"人之心体出自天常,随物感通,原无定执。君以凤生操持,强力太甚,一念耿光,遂成结习。不悟天体渐失,岂惟心病,而身亦随之矣。"

先生惊起扣首,流汗如雨,从此执念渐消,血脉循轨。

这一段话，便是记录罗近溪中年做学问、讲修养，极力克念制欲，朝"**不动心**"的方向去做，结果弄得一身是病，身体僵化。用现代医学的观点来说，他患了神经麻痹症，全身僵硬，麻木不仁。经过一位高明之士的指点，他惊出一身大汗，病就好了。这是黄黎洲先生编《明儒学案》上的简录。

我在另一书上所看到的是，他在似梦非梦中听了那个老先生的话后，这一惊，汗出如雨，湿透重衾，从此病就好了。所谓"湿透重衾"，就是说出汗太多，湿透了被褥。但是这位梦中指点他的高人，却不肯留名，罗近溪再三问他，他只说是泰山丈人而已。因此这也成为同时代的学者攻击他的借口。因为在那个时代，这一类什么丈人、什么先生等称呼，不是道家仙家的代号，便是在家学佛者的别称。罗近溪的一生，接近佛道两家的奇人异士很多，这些都可作为忌妒他、攻讦他是伪学的证据。千古学者们的猜忌、相轻相攻，有时比起一般没知识的人们因利害而互相攻击的，还要可怕。看通看穿了的人，只有及早拔足抽手，以免落进漩涡而不能自拔。

我们引用罗近溪的例子，可以看出他的修行，弄得心身皆病。一般人的许多病痛，都与心理作用有密切的关系，要讲究养生的人必须了解这一点。这里举出罗近溪学案的目的，是希望不要把孟子"**不动心**"这一句话，再像罗近溪一样，弄错了方向。

再说，即如佛道两家讲修养功夫的人，也是一样需要注意。一般人所标榜"无念"的观念，大多都是根据《六祖坛经》上断章取义而来，以讹传讹，误己误人。其实，六祖对自己所谓"无念"一词，做过更深一层的解释，所谓"无者，无妄想；念者，念真如"，并不是说要做到如木头石块一样的什么心都不动。

还有更好的例子，在《六祖坛经》上记载一则公案。当时，北方有一位卧轮禅师，专门注重对境无心的不动心修持，当然他也有相当功力心得了。所以他作了一首偈子说：

　　卧轮有伎俩　　能断百思想
　　对境心不起　　菩提日日长

这首偈子，由北方传到了曹溪南华寺。六祖听到了，深怕一般学人弄错了方向，他不能不开口了，因此就说，我也有一首偈子：

　　慧能没伎俩　　不断百思想
　　对境心数起　　菩提怎么长

在六祖这首偈语里，很明白地告诉大家，对境可以生心，但必须在纷杂的思虑中始终不离无思无虑的奥妙，那就不妨碍道业了。至于透过千思万虑，如何去认识无思无虑的道体，则是慧悟的关键所在了。

所以自六祖以下的唐宋禅师们，很多都强调处在流俗鄙事之间，日用应酬、鸦鸣鹊噪，无一而非道场，并非如木石一般的"**不动心**"，才算是修道。

动心与不动心

那么，孟子回答公孙丑问的"**不动心**"，究竟道理何在呢？

很简单，孟子当时的答复，是指在心理行为上，要坚定意志而不动摇的"不动心"。他并不是说在心性修养上要做到什么无思无虑的境界。如果硬把孟子这里的"不动心"和克念制欲的功夫牵扯在一起，孟子有知，恐怕未必同意。不信的话，你只要再细读原文，连贯全章的道理来精读，就会明白了。

说到人生的学问修养，在行为哲学上的"不动心"，让我们先说一个大家都熟悉的笑话，就是相传苏东坡与佛印禅师的故事。苏东坡喜欢参禅学佛，也经常作嬉笑怒骂的文学作品。他在参禅的功夫上，自认已经做到不动心的境界。有一天，他写了一首诗：

稽首天中天　　毫光照大千
八风吹不动　　端坐紫金莲

他派人把诗送到金山寺给他好朋友佛印禅师。佛印看了，在他的原诗上批了"放屁"两个字，退了回去。苏东坡一看，马上亲自过江来看佛印，问有什么不对？佛印就笑说：你不是"八风吹不动"吗？为什么"一屁过江来"呢？事实上，这一则笑话是后人编的。这些句子，绝对不像苏东坡的文笔，不过，倒蛮有道理的。

那么，什么叫八风呢？那是佛学的名词，所谓"利、衰、毁、誉、称、讥、苦、乐"，便是人世间八大现象的外境之风。什么是"利"？包括了功名富贵、升官发财，一切事业成就，万事如意都叫利；相反一面，便是"衰"，一切倒霉。"誉"，是包括了一切的好名声，万事顺遂，人人称赞；相反的，便是毁，遭遇别人的攻击。"称"和"讥",本来和毁誉差不多,但有差别,毁誉的范围大,称讥的成分小而浅。"苦"与"乐"是相对的两面,人生随时随地被苦痛和快乐所左右。一个人如果修养到对世间的八风都无动于衷,那该是多么地困难!当然,心里麻木和白痴不在此例。

我们再随便举出一些留名史册、类似于孟子所说"**不动心**"的故事。

晋末的权臣桓温,有一次先埋伏了杀手武士,遍请朝廷政要们吃饭,目的是要谋杀太傅谢安与王坦之。王坦之吓得不得了,问谢安怎么办。谢安神色不变、意态自若地说:晋朝的存亡,就决定在你我这一趟的赴宴,你跟我去吧!王坦之在宴会上一直带着恐怖的神色,举止颠倒,极不自在。可是谢安还是那样从容不迫,而且更有一种不在乎与不可侵犯的神气。他用锐利的目光看着桓温,再看看埋伏在幕后的武士们说:你今天请客,是多么风雅的事,为什么把这一批应该放在战场上的武士藏在幕后,拿着那些不好看的俗物(武器)呢?桓温当时被他的气度所慑服,反而觉得不好意思,马上命令撤退卫士,也终止了杀谢、王的阴谋。

后来当后秦王苻坚,统兵百万南攻东晋的时候,晋朝举国上下,都害怕至极。谢安不动声色,还和侄子谢玄驾车出去郊游野餐,玩到夜里方才回家,处理作战布置的命令,然后慢慢地说,差不多没问题了。事实上,东晋所有可以作战的部队,只有八万多人。而苻坚号称步骑兵百万,认为投鞭足以断流,固然也是心理战术的夸张宣传,但的确不是东晋的兵力可以对付的。结果苻坚反被谢玄的精锐部队打垮了,苻坚本人还被射伤,从此一蹶不振。东晋俘虏了几万人，掳获的物资很多，单是军用交通的牛马驴骡驼等，便有十万头。

大胜利的捷报到达，谢安正和客人下棋，看了报告，一声不响，仍然慢慢地下了一子。客人忍不住相问，他则意态如常地说：小儿们在前方已破掉了苻坚，打了大胜仗了。这是何等的修养，何等的镇定！不过，棋下完了，客人走了，他兴奋得一跃而起，禁不住内心的高兴，一脚跨过门坎，把脚上穿的屐齿（木拖板的前跟）也弄断了。

在历史的记载上，一方面描写谢安学问修养的镇定风度，但另一方面又附笔描写他背地里折断屐齿的洋相。是真不动心吗？还是强作镇定呢？不过，无论属于哪一种，身处其境，能如谢安的表现，也确非一般常人所能做到的。就如在桓温那一次宴会上的谈笑风生，也是拿性命做赌注啊！所以在处事上，他的确是做到了"不动心"的修养了。

此外，讲帝王的"不动心"，就是尧舜禹三代的禅让了。圣贤的"不动心"，如周公旦辅成王，所谓"恐惧流言"的史迹；孔孟"穷则独善其身，达则兼善天下"的风格；大臣如司马光、吕蒙正等人的作为。至于一般知识分子的士君子们，便有柳下惠、管宁等，还有岳飞、文天祥的人格，也都是"不动心"的好榜样。在文天祥所作《正气歌》里的历史人物与故事，也是孟子所提出"不动心"人物的佐证。历史上的资料相当多，暂时就此打住。

再说相反的动心的一面，如汉高祖功成名遂归故乡，自唱"大风起兮云飞扬，威加海内兮归故乡"；项羽自称西楚霸王之后，愿归故乡江东，让人看看他的威风；以及前面所讲苻坚的大言炎炎，自称"投鞭断流"时的山大王作风；明末清初洪承畴、吴三桂的屈膝投降，等等。历史上这类动心的资料，也是数不清、讲不完的。

自唐宋以后，中国文化儒、释、道三家哲学修养的中心，每个时代，几乎都在讨论不动心的问题，而且有所争执。所以我们上面也举出明代做"不动心"功夫的名儒罗近溪，让大家知道孟子以后，儒家对于"不动心"及其有关哲学所持的观念，以及所做的功夫，同时也可由此稍稍窥见儒家"不动心"学问上的一鳞半爪。至于佛家和宋明理学家们所讨论的不动心，谈得太远了，在《孟子》本题之下，我们不必多加阐述。现在我们再回到《孟子》这一本书上，平实地来讨论孟子的不动心。

我们先了解，孟子在这里所说"不动心"的来由，是因为他的学生公孙丑问起，假如他做了齐国的宰相，达到治国平天下的目的，在这样功成名就的时候，动心不动心。孟子说：我在四十岁的时候，已经不动心了。换言之，我们会认为，他在三十九岁的时候，也许还会动心。这个"动心"，以现代西方人的说法，就是"我感到骄傲"，以东方人的说法，就是"自豪"。而不动心的详细解释，就是当功已成、名已就的时候，自己并不会因而沾沾自喜，而影响到自己的素行，甚至连私生活也不会发生改变。

像以前为了消弭两国世仇而互相访问的埃及总统萨达特、以色列总理比金，全世界的人都赞誉他们两人是英雄。我们在电视新闻上，看到他们的言行举止，也煞有其事，装出一副英雄样子来，昂首阔步，这就是动心。孟子说他四十岁就不动心了，也就是说，他对于功名富贵，早在四十岁的时候，就看得如浮云飞尘一样，丝毫不在乎了。他把这等功业，看成喝一杯茶、吐一口烟一样的平淡，这是孟子所讲的"不动心"。正如明儒王阳明的诗（编按：南师版本）：

险夷原不滞胸中　万事浮云过太空
波静海涛三万里　月明飞锡下天风

可是后世的人，拿到鸡毛当令箭，就把孟子在这里的"四十不动心"这句话，扯到内心修养功夫的动念或不动念、有知觉或无知觉，实在是离谱。规规矩矩地说，孟子这里的"不动心"，只是对功名富贵与事功成就而言，好比你们在街头橱窗中看见一件漂亮的衣服，并不想去买来穿，这就是对这件衣服"不动心"。

澡雪精神心自安

那么，孟子这样的"不动心"，做起来难不难呢？一个人开始时，对功名富贵不动心，还比较容易；但是当功成名就时，还要自己不动心，那就很难了。人在功成名就、踌躇满志时，就以为自己最伟大了，这一念就是动心。所以唐末诗人有一首诗说：

冥鸿迹在烟霞上　燕雀竞夸大厦巢
名利最为浮世重　古今能有几人抛

这诗里的"冥鸿"，出自《庄子》的典故。所谓冥鸿南飞，又有"鸿飞冥冥"的成语，是说有一种高飞的巨鸟，经常展翅在白云上面，自由自在，任意飞翔，弓箭罗网都捕捉不到它，甚而它栖息在哪里，人们也不能确定。所以诗人把冥鸿比作不为功名富贵羁绊的高士，寄迹在天空轻云彩霞之上，偶尔能看见它的身影，忽然又飞得无影无踪了。而一般追名逐利的人，就和那些筑巢在大房子梁柱上的小燕子一样，一天到晚吱吱喳喳乱叫，都在自夸居住的房屋有多么伟大，梁柱雕刻得多么华丽，而事实上它们只是筑巢在那里栖身而已。这就等于一般世人，栖身托命于名利，而对自己的功名富贵自夸一样的可怜。

这首诗在前两句，以比兴做了隐喻，下面两句就点明了主旨，大有一吐为快的味道。"名利最为浮世重"，世界上的人都看重名利，"古今能有几人抛"，从古到今能够有几人把名利放弃不要的？你我都是燕雀者流，只怕一个大老板，多给我们几个钱，就在他那里栖身托命了。他这里还只是讲一般的名和利，如果像公孙丑所说那样的功成名就时，那就更严重了。

我们再举例来说，那位"力拔山兮气盖世"的楚霸王，年纪轻轻，逐鹿中原，征服群雄，登上西楚霸王的宝座时，才二十多岁，就"天下侯王一手封"了。后来的汉高祖，当时还是他手下所封的一名汉王哩！他在风云得志、意气飞扬的时候，有些老成、忠心的大臣建议他，不要回江东立都，而应该以咸阳作为号令天下的首都。结果这位霸王得意非凡地说："富贵不归故乡，如衣锦夜行。"到了万乘之尊的地位，不回故乡风光一番，就好比穿了漂亮衣服在夜里走路。我们现在的漂亮衣服大都是晚上穿，因为夜晚街上比白天还光彩明亮。但是几千年前穿了漂亮衣服走夜路，可没人看得见。

项羽这个"富贵不归故乡，如衣锦夜行"就是大动心，志得意满，不知道居安思危。所以尽管他有"力拔山兮气盖世"的高强武功，但却不能成大事，天下一手得之，又一手失之。其实富贵归故乡，充其量听那些老太婆、老头儿们指指点点地说，项羽啊！你这个小子真了不起！但是，这又怎么样呢？

现在我们看历史，批评别人容易，一旦自己身临其境，要做到富贵不动心，功盖天下而不动心，真是谈何容易！

像那位手拿羽扇的诸葛亮，就是了不起！他可说是临危受命，把刘备从流离困顿、几无立锥之地的情况下辅佐起来，与强大的曹操、孙权，造成鼎足三分的局面，这是何等的功勋！而刘备死后，诸葛亮又绝无二心地辅助那个笨阿斗，鞠躬尽瘁，死而后已。结果他的临终遗言是，"成都有桑八百株"，他们家在成都有八百株桑树，每年靠桑树的收成，子孙们就够吃饭了。诸葛亮到底是千古人物，不像那位聪明的苏东坡，尽打如意算盘说：

　　人人都说聪明好　　我被聪明误一生
　　但愿生儿愚且蠢　　无灾无难到公卿

还有伯夷、叔齐，他们薄帝王而不为，视天下如敝屣，所以我们的至圣先师孔老夫子，曾屡次在《论语》中赞叹他们。我们常听人说，叫我当皇帝，我才不干。当然你不干，因为根本就没有人会请你去当皇帝。我们只能说，如果有人送我西装，我还不要哩！像释迦牟尼那样放着王位不要，出了家，有了成就，这才是真本事。

前面所讨论的是就大事而言的"动心"问题，至于平常小节方面的"动心"，更是随处可见。小孩子们到了百货公司，看见饼干、玩具就吵着要，要不到就哭，这就是动心。朋友送了一条漂亮领带，好开心，这也是动心。学佛修道的人为了使自己不动心，不打妄想，于是闭起眼来，盘腿静静地坐在那里，无奈脑子里却热闹地开着运动会。庄子说这是"坐驰"，外面看起来他是安静地坐着，但脑子里在开运动会，一个比赛接着一个比赛，开个没完。所有我们这些跑来跑去的念头，都叫做动心，所以说真正的"**不动心**"，实在也非帝王将相所能为。

古人有句名言："志心于道德者，功名不足以累其心；志心于功名者，富贵不足以累其心。"一个人如果立志于道德修养的话，不但后世的留名不放在心上，这辈子的功名利禄更是毫不考虑，这是第一等的人才。第二等的人是"志心于功名者，富贵不足以累其心"。像那位桓温说的："不流芳百世，即遗臭万年。"

我今天上午还跟年轻同学说笑话，像报纸刊登大抢案的主角那样，多出风头！国内外报纸都登他的消息，我们还做不到呢，当然这只是当笑话说说。这里"志心于功名"的"功名"，是流芳百世之名。三代以下未有不好名者，一旦"志心于功名"的话，什么黄金、美钞、汽车、洋房都不放在眼里了。古人除了这两句话，还有第三句话："志心于富贵者，则亦无所不至矣。"这是第三等人。像现在大专联考，填志愿表时，先看准哪个科系出路好、赚的钱多，就往哪里钻。像这样立志为赚钱而学的，如果能够成为盖世的人才，那才是天大的奇迹呢！

和古人这句话很像的，便是宋朝陈仲微说的："禄饵可以钓天下之中才，而不可以啖尝天下之豪杰；名航可以载天下之猥士，而不可以陆沉天下之英雄。"禄就是薪水、待遇。古时候官员们每年领多少担米，这就是"禄"。唐太宗当年开科取士，那些英才到底还是被"禄饵"所钓，被"名航"所载。真正志心于道德的奇士、英豪，反而都隐居起来。所以孔子在《论语》中提起隐士，常常流露出对他们的敬意。而中国文化中，除了孔孟等救世救人的思想外，隐士思想也占了很重的分量。道家常有些隐士，连名字都不要了。像广成子、赤松子、黄石公等，到底叫什么名字都无从得知。唐代有一位得道的道人，一年四季披件麻衣，后世只好称他为麻衣道人。禅宗也有一位纸衣道者，他可比我们进步，一千多年前就穿起纸衣。在这些连名字都不要的人们眼里，"名航"算什么！他们不屑于上船。不上船怎么办？你开船好了，他游泳，慢慢来，要不然他干脆躲到山上去了。

其实，自宋儒倡研理学，讲究孔孟心法的动心忍性，见之于事功，用之于行事之间的，除了宋代的文天祥、明代的王阳明、清朝中兴的名臣曾国藩之外，到了蒋公中正时，他的修养心得有两句名言："穷理于事物始生之处，研几于心意初动之时。"推开蒋公的功过等不谈，如果公平谈论儒家理学修养的心得，老实说，这两句名言的造诣，当世再也无人可及了。如果蒋公在世，我便不能如此说，因为会被人误会为谀辞。我相信将来学术文化史上，自有定论。

武侠功夫的不动心

孟子说了他在四十岁就能不动心，于是公孙丑说：这样看起来，老师比我们齐国那位鼎鼎大名，而在秦国大出风头的勇士孟贲，还更加厉害。孟子却说：我四十不动心，也不算什么难事嘛！其实，告子比我更早就能不动心了。

孟子和告子，在学问上尽管意见相左，但孟子并不因此而歪曲事实，对方好的就是好的。所以他说告子比他更早便能不动心，这句话孟子毫不隐讳地说出来，绝对不会嫉妒而隐瞒。这也可说是圣人与凡夫的不同之处。

这里公孙丑提到的孟贲，是战国时代有盛名的人，相当于今日的拳王阿里。为什么说孟子比孟贲更厉害？因为对于功名富贵不动心，必须有很大的勇气。例如在街上看见一只名贵的手表，价钱虽然高，自己的经济能力足够买下来，戴在手上可向人炫耀财富，于是动了心想买。如果说硬是不买，不动心，那也要一点勇气才能切断那想买的欲望。很多事情，一般人都是看得通，但下不了决心，拿不出勇气。佛家有一部经典，名为《能断金刚般若波罗蜜经》，就是强调能切断一切妄想、烦恼，这的确需要大勇气。所以公孙丑便拿出自齐投奔秦武王的大勇士孟贲，来比拟孟子不动心的勇气。

曰："不动心有道乎？"曰："有。北宫黝之养勇也，不肤挠，不目逃；思以一毫挫于人，若挞之于市朝；不受于褐宽博，亦不受于万乘之君；视刺万乘之君，若刺褐夫，无严诸侯；恶声至，必反之。

"孟施舍之所养勇也，曰：'视不胜，犹胜也。量敌而后进，虑胜而后会，是畏三军者也。舍岂能为必胜哉？能无惧而已矣。'"

在孟子说了告子比他更早就不动心以后，公孙丑又问孟子，处于外界的诱惑下而能不动心，有没有什么方法？孟子说，有啊！于是他举出两个古人为例，说出不动心的道理来。而这一番道理，从表面上看，似乎和"不动心"毫不相干，因为只是一些打拳练武的事。实际上看懂了以后，就知道他讲的是武士精神，要有这种快刀斩乱麻一般的武士精神，才能有不动心的勇气和定力。无论入世、出世的修养之学，对此都必须郑重注意。

孟子说：像北宫黝，在修炼自己武功的时候，要先养成"不肤挠，不目逃"的功夫。

所谓"不肤挠"，就是遇到可怕的事，不会紧张得毛孔收缩，汗毛一根根竖起来。现代常形容为："刀架在脖子上，连眉毛也不皱一下。""目逃"，在女性方面最常看见，小姐们看到一只小老鼠，尖叫一声，双手把眼睛遮起来，这就是目逃。过去练武功的人先练眼睛，用竹签、筷子，在眼前晃动，好像要刺向眼睛，而眼睛不动；再进一步，用水泼向眼睛，眼睛是张开的，尽管水泼到了眼球上，眼球还是不动，连眼睑也不眨动一下，眼神就定住了。

北宫黝便练就武功上这么一个定力。至于在心理上，别人即使损害了他一根汗毛，在他的观念里，就像在闹区或在公堂之中，当众打他一样的严重。而对于这种外来的打击，不管对方是普通老百姓，或者是高高在上的大国君主，他同样地不能够忍受，一定要反击，非把这口气争回来不可。当他要去攻击别人的时候，也是这种心理，即使去杀一个有万乘战车的大国国君，在他来说，和在街上杀一个小瘪三一样，并不因对象是一个国君就会恐惧、顾忌或犹豫，他要动手就动手。所以他对于各国的诸侯并不放在心上，天大地大不如我大，算是天地间唯我独尊的人。谁对他说话声音大一点，他一定比你的声音更大、更凶狠。这是一种勇,横而狠的勇,也是任侠尚气、好勇斗狠的勇。

孟子再举例说了另一个养勇的人——孟施舍,他的勇气是另一型的。北宫黝的勇,是大洪拳、螳螂拳,相当于近代武侠电影明星李小龙,是精武门这一路上的;相反的,孟施舍则属于太极门,是柔道绵功型的。

孟子说:孟施舍培养勇气的功夫则有所不同。外表看起来,他似乎是一个文弱书生,好像对方用指头一点,就会使他倒下去似的。可是真的打起来,他也非常认真,非常谨慎,先估计对方的力量,然后再考虑自己用什么方法,在什么时候进击对方的要害。等到考虑周密,在心理上认为有绝对战胜的把握时,这才和对方交手。这是先顾虑到对手比自己强大的一种作战态度,并不是说我是天下无敌的,一定能够打胜。虽然他随时惧敌,但却具备了不惧怕强敌的勇气。凭了这份勇气,再运用智慧坚定自己的信心,以弱敌强,打败比自己更强大的敌人。

所以武功虽是小道,但是武勇的修养却很不简单。表面上看,孟施舍的胆子小得很,不轻易和人家动手,实际上他的气魄已经修养到心理上不怕任何人。他的智慧已战胜敌人,而态度上还是绝对的谨慎,这是孟施舍和北宫黝两种不同的养勇典型。

说到"不肤挠,不目逃",我们可以了解,孟子之所以举这两个人的养勇,来答复公孙丑所问,是从外在不动心的修养方法做个说明;也就是告诉公孙丑,对于外在的不动心,起码要修养到所谓"泰山崩于前而色不变,麋鹿兴于左而目不瞬"的程度。这样的修养,的确很难做到。

大家都知道荆轲刺秦王的故事,我们读了《孟子》这一段关于养勇的道理,再读《史记·刺客列传》时,对于荆轲的传记,不必读完全篇，就可以根据孟子所说养勇的两个典型原理，而断定荆轲刺秦王一定不会成功。这也是司马迁写《史记》的文学技巧高明之处，他牢牢地把握了荆轲这个人的人格特性，可以说把荆轲的灵魂和骨髓都写出来了。

荆轲这个人，好读书，爱击剑，文武全才，他的剑术造诣很高。他曾经到赵国榆次去拜访赵国的剑术名家盖聂，要和盖聂比剑。他大喝一声，拔出剑来，可是盖聂站在原地，纹风不动，"怒而目之"，以非常威严的眼神看住荆轲。这种眼神，就是一种"不肤挠，不目逃"的神气，荆轲被他眼神所慑，便收剑入鞘，回头就走。有人问这是怎么回事，盖聂说，他的神没有养到家，被我的眼神慑服了。然后荆轲又到邯郸去会有名的豪客鲁句践，两个人一起赌博，因此争路道，鲁句践光火，大声凶狠地呵责他，荆轲又一声不响地走了。鲁句践的气势，同样的，把荆轲逼走了。由此可见荆轲的养气炼神的功夫都不够上乘水平，所以他刺秦始皇会失败，更何况秦始皇的武功也很高。谈到练武，勇气固然重要，但修心养性的涵养功夫，可以说比武功更为重要。

我们再回来看孟子对孟施舍的介绍。这位孟大侠的勇，有四个要点，我们必须注意。第一，自己对自己要有信心，如果自己失去信心，那就不用说了。第二，要准确地衡量对方的能力。第三，抓住对方的弱点。第四，也是最重要的一点，行动时要小心谨慎，绝不轻视对方。具备这四个条件，才算得上"勇"。不论个人的武功成就也好，两军对垒作战也好，乃至平常面临艰危困难，如何去克服，如何善处艰危，都需要有这样的勇气。虽然未必一定有百战百胜的把握，但失败的机会总不会太多了。

"孟施舍似曾子，北宫黝似子夏。夫！二子之勇，未知其孰贤。然而，孟施舍守约也。

"昔者曾子谓子襄曰：'子好勇乎？吾尝闻大勇于夫子矣。自反而不缩，虽褐宽博，吾不惴焉？自反而缩，虽千万人，吾往矣。'孟施舍之守气，又不如曾子之守约也。"

文武殊途同归的修养

孟子的话，到这里做了一个转折，把北宫黝和孟施舍两人的养勇功夫，做了一个小结，但不是总结。从这一小结一转，又引发出更深一层的理论来。他介绍了二人养勇的状态，然后为二人做结论，而不做直接的批评，他的讲解，仍然用比喻来说明。

他认为孟施舍的养勇功夫，就好像孔子的学生曾子。《论语》上说"曾也鲁"，从外表上看起来，曾子好像是呆呆的，而孔子的道统，最后却靠他传下来。至于北宫黝呢，好比子夏。孔子死后，子夏在河西讲学，气象比其他同学来得开展。不过孟子又说，北宫黝和孟施舍这两个人的养勇功夫，到底谁比较高，这就很难下断语了。然而还是孟施舍这个路线比较好，因为他"守约"，晓得谦虚，晓得求简，晓得守住最重要的、最高的原则。北宫黝奔放，气魄大，可是易流于放纵任性，不如孟施舍的"守约"，也就是专志守一的意思。

孟子接着说，以前曾子问他的学生子襄，你不是好勇吗？我老师孔子告诉我，关于气派、气魄、义无反顾、浩然之气等，都是真正大勇的修养原则。孔子说，真正的大勇，是当自己反省到自己的确有理、对得起天地鬼神的时候，尽管自己只是一个默默无闻的小老百姓，但面对任何人，心中也绝不会惴惴不安，天王老子那里也敢去讲理。但是如果反省到自己真有错误的时候，就要拿出大勇气来，虽然有千万人在那里等着要我的命，我也是勇往直前，去承认自己的错误，承担一切错误所导致的后果，接受任何的处分。"君子之过，如日月之蚀焉"，能这样一肩挑起自己错误的负责态度，就是真正的大勇。

通常一个人犯了错，对一两个朋友认错，已经很不容易了；若能对着一大群人承认自己的不是，那真需要"大勇"的气魄了。

这是我的解释，我把"缩"照字面直解为"乱""缩拢"的意思，缩就是不直，不缩就是直。

另外古人有一种解释，"缩，直也"，这样也可以。不过这段话虽然大意不变，句法就有些不同了，说出来让大家比照参考：

自己反省一下，要是我理亏，即使对方只是一个穿宽大粗布衣服的平民，难道我能不惴惴然害怕不安吗？反省一下，自己是理直的，虽然面对着千军万马，我也勇往直前，拼到底。

现在，我们了解孔子对曾子所说大勇的内容，也就了解孟子引述这段话的作用了。孟子引用孔子告诉曾子的大勇原理，根据孔子的说法依理来推演，孟施舍的守约固然也很高明，但又不如曾子的守约。曾子这种修养功夫，是更上一层楼的成就。

前面孟子说了，"孟施舍似曾子"，又说："然而，孟施舍守约也。"孟施舍守的是一个什么"约"？简要地说，他是"*量敌而后进，虑胜而后会*"，不轻视任何一个敌人。实际上这是养气的功夫，而孔子所告诉曾子的，不是练功夫，而是做人处世的修养。不但不问胜败如何,还进而问自己合理不合理;合理则理直气壮,不合理则坦然受罚。如此,即使手无缚鸡之力,依然是有大勇,是一个顶天立地的大丈夫。所以曾子守的是这个约,与孟施舍有所不同。曾子是有真学问的,在人生修养上,是大智、大仁、大勇的中心;而孟施舍守的约,只是与人交手时的一种炼神、炼气的最高原则而已。所以孟施舍的"守约",比起曾子的"守约"来,就只能算是"守气"了。

这里讲到"守约"的问题,同时提出了"守气"。司马迁写《游侠列传》,综合游侠的个性,下了一个"任侠尚气"的定义。换言之,任侠的人大都是使气的。"侠"的古写"夾",右半边是"夾",强调一个人的肩膀。所以"侠"就是为朋友做事,一定竭尽心力。"气",就是意气,越是困难的事,你认为做不到,我就做给你看。后世学武功的人,学了几套拳脚,根本没有把别人的事当做自己的事那么全力以赴,只妄想以武侠自居,早就忘了"任侠尚气"的可贵精神。面对"武道"的衰落,不免令人又有很多感慨。

我们要知道,中华民族之所以可贵的另一面,就在于这种"任侠尚气"的精神,这种精神体现在墨家的思想中。墨家思想在中国文化中占有很重要的分量,早在春秋战国时期,中国文化已包含了儒、墨、道三家的成分。几千年来的中国文化,一直流传着墨家的精神,这是一个很重要但却被人忽视了的问题。我们现在都以为中国文化以儒、释、道三家为主流,其实这是唐、宋以后文化的新结构。虽然如此,墨家的侠义精神却始终流传在中国人的心中,融合在中国的文化里。

曰:"敢问,夫子之不动心,与告子之不动心,可得闻与?"

"告子曰:'不得于言,勿求于心;不得于心,勿求于气。'不得于心,勿求于气,可;不得于言,勿求于心,不可。夫志,气之帅也;气,体之充也。夫志至焉,气次焉。故曰:'持其志,无暴其气。'"

修养哲学上的辩证

公孙丑听了这番理论以后,又触及实际问题,就再向孟子问道:老师,我冒昧地请问一下,你刚才说告子比你更早就修养到不动心了,请问,你的不动心和告子的不动心,在修养上是否相同?

孟子说,告子说:不合于道理的话,不要放在心里研求;心里觉得不妥当的事,不要在意气上争求。从这里我们很明显地看到,在中国文化中,谈心气合一的修养功夫,是孟子特别提出来的。至于后世道家的心气合一,也都是从这个脉络来的。如果说心气合一之说,已远在孟子之前就有,那也是对的。

这里是孟子专说他与告子修养到不动心的原则,不过孟子这里谈的不动心,和前面所说,由于外面功成名就的诱惑,或危险困难的刺激而引起的不动心,又有所不同。到了这一段,孟子所说的不动心,已回转到内在修养的不动心了。不过孟子不像后世那样,只做内在修养的不动心功夫,而是内外兼通的、相合的。

接着孟子批评告子所主张不动心的修养原则说:告子认为,"不得于心,勿求于气",心里觉得不安、过不去的时候,千万不要动到意气,这是对的。这就像吃了友人王某的亏,本来想以其人之道反治其身,把他的一笔巨款取来,以泄心头之恨。但想想,以怨报怨,并不妥当,虽然心理上觉得过不去,但也不能意气用事、逞强非达到目的不可。"不得于言,勿求于心",凡是在道理上讲不通的,就不要在心理上再去好强。孟子认为,对于道理不明的事情,明知道不该做,而却偏要动心,这就应该再去深入研究清楚,找出原因来才对。

孟子批评了告子的得失以后,提出他的意见。他说,"志"是主宰、领导、指示"气"的司令官。在这里我们要了解"志"是什么,他认为"志"就是意识形态,是意识观念。譬如"去西门町",这是一个思想,这个去西门町的决定,就形成了一个意识形态,成为一个观念,具有力量,督促我们前往,这就是"志"。

至于"气",内部的气,就是"体之充也",我们身体里面本来就充满了气,并不是由两个鼻孔吸进体内的空气才是气。身体活着的时候,内部充满了气,气是哪里来的?是意志心力合一的动元。

"夫志至焉,气次焉",气是怎么行动的呢?孟子认为心理可以影响生理,生理也可以影响心理,但是他强调以心理为主。"志至焉",就是心理为主,"气次焉",气是辅助心理而相辅相成的。所以我们心理上想到害怕的事时,会出冷汗,这就是心理影响到生理。志怯则气虚,想到自己丢人的事,脸就红了,就是元气虚了。志一消,气就差了,想到要开刀,脸色就变了。有"恐癌"的心理病,人就先瘦下去了,所以气是志的附属品。产生气的原动力,则是意志。

孟子最后说,"持其志,无暴其气",真正的修养,还是从内心，也就是从心理、意志的专一着手，然后使气慢慢地归元充满。这个时候，你的心理、生理，两者自然协调、融合，对事情的处理，待人处世之间，自有无比的镇定、勇气和决心，当然可以把事情处理得很好。

后世理学家讲修养的，有一种心气二元的理论，道家也有心气合一的说法。如宋代的大儒张横渠讲究养气，《东铭》《西铭》两篇著作，就是讲养气；二程夫子（程颐、程颢）喜欢讲养心。不过宋明理学中关于心气二元的理论，或心气合一说，有的地方，他们自己也矛盾得很，一会儿心，一会儿气，搞不清楚，但都是从亚圣孟老夫子的家当里抽出来的。后来明明又把道家的养气，禅宗的养心，写入自家理学当中，而又不承认是人家的东西，自己一定要标榜出一个老祖宗来，标榜谁呢？当然要推出孟老夫子来了。所以距离孟子已经一千多年的宋儒们，宣称孟子死后，孔孟之学就失传了，中间一直空了一千多年，才由他们承担起来。

朱元璋当了皇帝，看见唐太宗找了一位圣人李聃（老子）做祖宗，他也要找出一个名字响亮的古人认做祖宗，于是找到了朱熹。也许从宋到明，朝代太近，年代相隔不远，还不好意思马上拉朱熹做自己的祖宗，只是规定考试一定要用朱熹的批注。因此朱熹也统治了中国文化几百年。这恐怕是朱熹生前做梦也没有想到的好运气。当年的革命元老吴稚晖年轻的时候，曾狠狠地大骂宋明理学家，他说，假如把宋明理学家们杀了剁成肉酱来做包子喂狗，连狗也不吃，因为那肉馅太酸了！这些理学家们，害了中国一千多年。吴老骂得固然有点过火，但由此可以看到革命当时，那些志士们气魄之奔放了。

还有一个朱元璋找祖宗的传说。据明人笔记说，有一次朱元璋微服出巡，遇到一个理发匠，在当时这是被人看不起的职业。他随口问这人姓什么，他说姓朱。朱元璋追问他是不是朱熹的后代，这位老兄说：我才不是朱熹的后代！朱熹是朱熹，和我有什么相干，我自有我自己的祖宗。朱元璋听了这个剃头匠一番话，心里暗叫惭愧。像这样的人，都还不忘自己的祖宗，不往脸上贴金，而自己身为一国之君，居然忘本，而且有拉别人来做自己祖宗的自卑心理，真是令人惭愧。于是他也就打消了认朱熹做祖宗的念头。这是一则野史笔记，但不能断然说纯属捏造，对于世情，也许有点教化纠正的作用。

宋明理学家的心气二元论，或心气合一说，何以会和《孟子》这里的记载搭上线呢？凡是读过古书的人，大概都知道，孔子没有谈过"气"这个问题，比孟子稍稍早一点的庄子才谈过气。在孟子当时，燕、齐之间的道家人物、一般方士，也都在讲养气或炼气。所以孟子讲养气，也可以说是受了道家的影响；严格地说，是受了时代的影响。如果说孟子的养气是继承孔子而来，这是大可不必的事。孔子没有谈过养气，曾子、子思也没有说过；乃至在《易经》中，孔子也没有谈过养气。但由此我们可看到一点，就是任何一个圣人，任何一个学者，都离不开时代的影响。这并不是说，因为孔子没有讲过养气，孟子就不应该讲；这里只是指出孟子有关养气学说的来源，并非来自孔子，而是来自孟子当时的时代影响。

后世宋明理学家，把"心""气"二元当成儒家的法宝来讨论，如果当做修养方法论是可以的，如果就形而上的道体立论，那就太离谱了。老子说过养气，如"专气致柔"等话，同时又说："此二者，同出而异名，同谓之玄，玄之又玄，众妙之门。"同出而异名",就是一体的两面,是说不但意志可以控制气,气也可以影响意志。例如腹泻,泻得气都断了,纵然意志还很强,那也是没有办法的。

孟子的志气同源说

再说修养,现在也有些人,学道学佛学禅,修定达到了一点点境界,心地清明,以为就是证了道,悟了心。其实这不过是"专气致柔",平和了一点,是身体感觉上的一点反应而已,不可自以为已经悟道了。现在社会上一般学道的书,所说的一些境界现象,把千里眼等小成就,就说是成道,真是荒谬绝伦。其实这些花样,都是气或神经层次的事。孟子讲得并没有错,他说要养志有勇,气度恢宏。但是后世的人拿这几段来讨论,讲得玄之又玄,恐怕大违孟子的本意,离题太远了吧!

后世的诗人们,引用道家的观念,便有"悟到往来唯一气,不妨吴越与同丘"的感想了。人活着就是一口气,这口气一往一来就活着,这口气不往来就死去。不管什么冤家、亲家的,死后都是剩一把骨头,埋在一起没有什么两样。这与佛家"冤亲平等"的观念有异曲同工之妙。佛家从"真空妙有"着眼,道家则从"气化万物"的观点立说。

孟子也同样认为,生命活着就靠一股气,"气,体之充也",气充满在身体内部,到处都是。很多人练气功,说什么气吸进来要放在丹田,于是常有人问,气究竟是应该让它停在身体的哪个部位,才叫气沉丹田呢?其实,人体就好比一个皮袋子,你说气进去了,它能停在什么地方呢?又好比轮胎打气,我们能让它停在轮胎的某一角落吗？可能吗？所以我们练气功，说是要让气停在丹田，当然不行。但是"气沉丹田"也确有其事，丹田那里的确是一鼓一鼓地动，这又怎么说呢？"夫志，气之帅也"，那是意识感觉的作用。心静下来以后，能比较灵敏地感觉到气经过丹田的鼓动，并不是气都凝聚固定在丹田，否则我们的手脚和身体其他部分，难道都没有气了吗？

从孟子这句"气，体之充也"，可见孟子的确是有真实的修养功夫，这是他自己做功夫的经验谈。他说过"夫志，气之帅也。气，体之充也"之后，又说"夫志至焉，气次焉"，让我们不要太迷信炼气，气功并不是究竟，它只相当于一个附属品，是随"意志"思想的心理作用而起变化的。生命功能的终极还是在于"心志"的作用，心动之后，才引起气动。

于是孟子提出七个字的修养原理："持其志，无暴其气。"这不仅是儒家养心的要领，同时也包括了佛家、道家做功夫的原则。孟子告诉我们说，要保持心志的专一和宁静，不要使意气乱跑。

> "既曰：'志至焉，气次焉'，又曰：'持其志，无暴其气'者，何也？"
>
> 曰："志壹则动气，气壹则动志也。今夫蹶者，趋者，是气也；而反动其心。"

孟子提出的修养原理，"持其志，无暴其气"，公孙丑还是不懂，觉得孟子讲话前后矛盾，因此他问：既然你说过"志至焉，气次焉"，心理作用是主要的，气机变化是次要的，为什么现在你又说"持其志,无暴其气",要保持心念的专一,不要使气乱跑,这是什么道理呢?

如果我们做孟子的代言人,就会对公孙丑说:"志至焉,气次焉",是理论上的大原则;"持其志,无暴其气",是实际修养方法的层次。但孟子答得更详尽:"志壹则动气,气壹则动志",意志专一了以后,可以引动并指挥生命内部气机的作用。也就是说,心念动了,气机随着动,就是"志壹则动气"。现在的人,吃得好,生活紧张,中年以后多半患高血压症。如果不太注意它,心里放轻松,血压自然会降低;否则,越注意自己的血压,心里越紧张,血压就越高。这就是"志壹则动气"的道理。

又如清代有一个名医,他自己的女儿颈上大动脉旁长了一个大瘤,天天叫痛,苦不堪言,吃药不能好,开刀又危险,他就在女儿腿上用红笔画了一个圈,并告诉女儿说,颈上的瘤没有关系,自然会好;不过,七天以后,腿上画了圈的地方,会长出一个更大更痛的瘤来,那更麻烦。他女儿听了非常害怕,更加着急,天天看着腿上的红圈,七天以后,那里果然长出一个瘤来,而颈上的瘤好了。这位名医如此这般地把瘤移到腿上之后,才在腿上开刀。这在西医名为心理治疗,就是运用"志壹则动气"的一个实例。

同样的,生理也影响心理。孟子接着就说了:"今夫蹶者,趋者,是气也;而反动其心。"你看那些快跑的人,一拔腿就往前冲,就想拿锦标,都是先由于气的冲动,而后影响了心绪的浮动。再说出生一百天以内的婴儿,如果跌在地上不会受重伤,因为婴儿心里没有事,不知道自己跌倒不跌倒,就不会受到气的影响。庄子也说"醉者神全",喝醉的人,糊里糊涂,跌倒时自己心里也不知道,即使受伤也是轻伤,这也就是心志没有受气的影响之故。反过来,清醒的人跌倒容易受重伤,就是生理影响了心理,这些就是说明"气壹则动志"的道理。

《公孙丑》这一篇还没有讲完,但是我们必须暂时把书本搁下,先对前面所提出的问题,做一番研究讨论。

《孟子》全书,最重要的就是《公孙丑》这篇。这篇的重点,我们拿旧的观念来讲,就是"内圣外王"的修养方法。但是我们过去读《孟子》,乃至现代人看《孟子》,很容易忽略了这一点。由于《孟子》全书思想是连贯的,但是经过后儒把它一圈,圈断了,再加上我们自己的不小心,没有全书一贯地把它读完,于是忘记了"内圣外王"的修养方法。"内圣外王"用现代话说,也可以说是"内养外用"之学,是如何充实自己内在的学问、修养,朝圣贤的道路上走,从事济世救人的大业。这就是古代所标榜的"圣贤之路",也就是说,一个人格的完成,是由内在学问、思想的修养,而发挥到外在利世利人事业的功勋,这就是圣贤的道理。古代把人加上"圣贤"两个字,看来就严肃多了,像对孔庙两庑圣贤的塑造,加上一些宗教的心理、色彩,一个个好"神"气,没有什么"人"味。其实大可不必,所谓"圣贤",只是一个人内养的升华和外用的圆融罢了。

唯大英雄能本色

现在我们读的《公孙丑》这一篇,是绝妙的文章,这篇先从一顶帽子开始,由公孙丑问孟子,功成名就时,动不动心。这不是我们平常问的你高兴不高兴。动心和高兴程度不同,公孙丑这里问的是动心不动心,这是个大问题。

人谁不动心呢?尤其是面临功名富贵时,如何能不动心?孟子这里说"四十不动心",这是个主题,人怎么做到不动心呢?人啊,天天随时随地在动心,怎么个动心呢?《中庸》里面就提到"喜、怒、哀、乐",这是孟子的老师子思,把人的心理状况归纳成这四种情绪。后来演变成中国文化里常提到的"七情六欲"。六欲是汉朝以后佛学传入的思想,是说人对色、声、香、味、触、法的需求;七情呢?是我们固有的文化,出自《礼记》,除了"喜、怒、哀、乐"之外,又加上"爱、恶、欲"。不管七情也好,八情也好,不去管它如何分类了,我们每天对事情没有不动心的。人真修养到"不动心"啊,就是"内圣"境界,不但对功名富贵不动心,对一切都不动心。那么,你会说,不动心不就是死人一样,不就是呆了吗?所以我们要讨论一下不动心。

其次,由不动心引出来公孙丑的一段话,他说:老师,你的不动心,有这样高的修养功夫啊!秦国当年在秦武王时代,有个勇士叫孟贲的,你比他还要厉害啊!

从公孙丑这句问话我们发现,这位学生到底不行,公孙丑竟然拿武功来比孟子的不动心。武功里有没有不动心呢?有。现在我们觉得很有意思,方才也提到过,打拳啊、练武啊,叫国术。中国过去不用这个名称,什么"国术""国技"的,是民国初年以来受西方文化影响才改用的名称。古代对于文章写得好、武功练得好,称文艺、武艺,意思是好到了艺术的境界。我们看古代的书,说"武艺高强",不说"武功高强",更没有说"武术高强"的。虽说只是用字的不同,但用字涉及一个国家文化思想的背景。所以武功到了最高处,同文学一样,进入了艺术的境界。

过去的武艺也的确先要修养到不动心。那么孟子由这个问题提出两个人,一个北宫黝,一个孟施舍,来加以说明,而后再转入修养方面。他说北宫黝武功修养的原则像子夏;孟施舍的武功修养像曾子,他武功的原则是"量敌而后进",比北宫黝高。这里第二个重点来了,他说曾子"守约",讲到修养的方法了,什么叫"守约"?

门户之争的动心

首先我们再来研究一下"不动心"这三个字。由于在座许多人对"不动心"非常动心,下课后纷纷提出讨论,所以我们再来谈谈。前面提过,两千年的中国文化,大体上可分为两截来看。春秋战国之后,中国文化是儒、墨、道三家的天下,严格说来,道家是最古老的。到了汉朝佛教传入以后,文化结构变成儒、佛、道三大主流,而且由三大"家"变成三大"教"。儒家到了唐末,还没有正式变成儒教,经过了唐、五代,一共四五百年的酝酿、转化,直到宋朝,才真正变成了儒教的典型,这是因为理学家的原故。如宋初的五大儒,程颐、程颢两兄弟、张载、朱熹、陆象山等,都是有名的理学家。所以我们可以说,中国文化在宋朝初期那个阶段,走入一个新潮派的学术思想——理学,反对佛家以及道家。而在隋、唐、五代时,整个思想、学术界都是禅宗的天下。

去年我在东海大学有个唐代文化的专题讲演,我说唐代三百年间,在中国文化思想史上几乎是一片空白。义理之学根本谈不上,至于辞章之学,唐朝是文学好,有名的唐诗留下了不可磨灭的光辉；但是谈到学术思想则没有。其实应该说有，只是都走入了佛学和禅宗的领域。这个学术思想界的怪现象，一直延续到五代，所以这三四百年的文化思想，可以说整个是禅宗的天下。在这个情势下，除了道家还分得小半天下之外，再没有其他的了。儒家呢？只有八个字，"文章华丽，记闻博雅"而已。有一点必须声明，这只是我个人的看法，如果站在佛学与哲学的立场看，唐代却是文化思想的鼎盛时期。

这个情况延续到了宋朝，自然就非变不可，新潮派的学术思想非起来不可，因此有宋朝五大儒的前后兴起。但事实上，宋明理学家应该说是"外儒内禅"，外面打着儒家的招牌，喊着儒家的口号，但内在修养、功夫，却非禅即道。所以我常对宋明理学家有所论议，认为他们风度太差，明明是向佛、道两家借用的东西，而且还一边借一边偷，然后反过来就骂这两家。而这两家可没有还手，你爱骂就骂。相形之下，更让人觉得理学家的态度不够潇洒，胸襟不够开阔，讲圣贤之学术，却无圣贤之气度，实在是件遗憾的事。

宋儒修养功夫的境界，却也标榜"不动心"。怎么叫"不动心"呢？这是一个问题，我们人，谁能不动心呢？我们都知道佛学把人的思想称为妄想，妄想也就是烦恼，一切众生都因妄想而来，所以一切众生生来都有烦恼。我常觉得佛学里烦恼这个名词，翻译得实在是高明。烦恼不是痛苦，我们脑子里永远有许多连续不断的游丝妄想牵扯着、困扰着我们，这就是烦恼，烦恼是由妄想而来。为什么不叫它是思想呢？思想这个名词连起来用，是唐以后才有的，到了近代才流行。追根究底，它来自佛学，但在佛学里，思是思，想是想，不可一概而论。思想不一定是妄想,但是我们一般人平常思想都是妄想,因为这些"想"都不实在、不稳定,停留不住,保持不住,随时跟着外境、生理、气候、环境等的变化而变化,所以叫它做妄想。要做到妄想而不动心,真是谈何容易。

道家在唐以后变成道教,差不多也是用"妄想"这个名词。所以说唐朝以后,道教实在和佛教已经分不开了。如果站在比较宗教学的观点来看——这是一门很新的学问,在美国有些大学,乃至研究所有开比较宗教学的课程,把各个宗教的内涵和形式,以及哲学基础,做一番比较研究。佛教和道教之间的关系非常微妙,我们知道佛教里人和人见面就说"阿弥陀佛",这句话很有意思,后来演变成中国文化里的常用语。平常讨厌一个人,一旦看他跌了一跤,觉得开心、活该,于是顺口就说"阿弥陀佛"。好朋友病了,心里难过、悲伤,也说"阿弥陀佛"。好的说"阿弥陀佛",坏的也说"阿弥陀佛",所以这个"阿弥陀佛"真好。尤其在大陆,过去到庙子里看到和尚,问他吃过饭没有,他说"阿弥陀佛";你好吗?他也说"阿弥陀佛";不好吗?他还是说"阿弥陀佛"。反正不着边际,这真高明。道士们见面呢?不说"阿弥陀佛"了,他们说"无量寿佛",是从佛教里翻译来的,"阿弥陀佛"翻译成中文的意思就是"无量寿佛"。佛教里还有一部《观无量寿佛经》。所以你说他究竟是道教呢,还是佛教呢?搞不清楚,我觉得蛮好玩的。

严格地说,理学家和禅与道也几乎分不开。我们举个例子,就说"不动心"吧,怎么个"不动心"呢?我们看看供在台北指南宫那位有名的吕纯阳,他有一首诗:

一日清闲自在仙　六神和合报平安
丹田有宝休寻道　对境无心莫问禅

据说这是吕纯阳没有悟道时候的诗，但是他功夫已经很好了。据说这时他能坐着他自制的直升机——飞剑，在空中飞来飞去。飞来飞去这只是功夫，还没有悟道。但他这首诗，也可以说是讲修养的，你看他说的"一日清闲自在仙"实在是好，我们如果能够有一天不忙碌，待在家里，没有事，没有烦恼，那就好比神仙。但是一天偶尔没有事，在家休息，也许做得到；可是我们尽管清闲，却不见得自在：放个假在家，东搞搞，西搞搞，老婆儿子哭一顿骂一顿，真不自在。"小人闲居为不善"，清闲反而危险，所以说能清闲自在也不简单。

第二句"六神和合报平安"难了，身体一点病痛难受都没有，"六神和合"是身体的，精神健旺，那谈何容易！这时"丹田有宝休寻道"，道家讲炼成丹就成仙了，他们认为每个人内部都有"丹"，就是长生不老的药，但是一般人找不到。现在吕纯阳找到了，他牛吹大了。第四句和我们现在所讲的有关了，"对境无心莫问禅"，这个境界多大啊！如果人真做到"对境无心"的话，的确就可以成佛，也就不用参禅，不用学佛，不用修道，已经到家了。

现在问题来了，他这"对境无心"和孟夫子讲的"不动心"，是一样的吗？

现在我们不管他"对境无心"也好，"不动心"也好，再回过头看看一般学佛修道的，打起坐来，都希望做到"无妄想"。那位鼎鼎大名的禅宗六祖，曾经标榜禅宗以"无念"为宗。什么叫无念呢？就是没有杂念，没有妄想。那么和孟子的"不动心"是不是一样的呢？它们的含义似乎相同，但又不完全相同。孟子的"不动心"，重点在为人处世，待人接物。勉强说，是佛学里"事理无碍"的初阶。而佛学里的真正"无念"，除了"事理无碍"以外，还涉及"理无碍""事无碍""事事无碍"等，包括了形而上本体的实相，以及形而下修为的原则。详细说起来，又是一个大专题，我们就此略过。

虽然两者之间有程度和层面的不同，但是我们可以说，这种修心养性之道，不是后来佛教传入以后才有的，早在孟子提出"不动心"之前，中国文化里就有了。这套"内圣外王"的修养，可以说是东方文化的精华，和西方文化比较起来，的确有所不同，而别有独到之处。

从心所欲的不动心

现在我们再回过来研究一下《论语》，孔子没有提出"不动心"的问题，但是讲到过类似的修养。我们看他老人家的报告"四十而不惑"，不惑相当于不动心。但是真正能圆融地不动心，到达圣人境界，是他七十岁时，"七十而从心所欲不逾矩"，这时孔子才完成了圣人境界的修养。我们由孔子的自我报告，可见"不动心"鉴别之难。

现在我们大概对"不动心"这个名称所包括的与我们有关的内容，做了一番研究，竟有如此之多，详细发挥起来，几年都讲不完。道家、儒家、佛家如何修养到不动心的理论以及方法，介绍起来太多了，现在我们还是限定在孟子的"不动心"来说。真正的"不动心"是什么样子呢?孟子举出两种典型。一种是属于外型的"不动心",就像武术家一旦身陷重围,成千成百的枪杆对着,但是他眼睛都不眨,视死如归,一点不动心。普通一般人可做不到,尤其小姐太太们,遇到一点小事就尖声大叫,十里外都听得到。实际上女性们尖声大叫,你说她真怕吗?不见得,她就是爱叫,这一叫啊!把男性的"不动心"就给叫动了。

记得当年在大陆,我曾经去庐山住过,那里有座寺庙叫天池寺,旁边有个深谷,可以说是万丈悬崖,看下去令人头晕目眩,很少有游人到此。那里有块石头就像舌头一样,突出山壁,石头的大小,两只脚正好可以踏在上面。据说这块石头只有两个人踏过,一个是王阳明,他站在这块突出的小石头上,向万丈深渊下面望去,试试看自己恐惧不恐惧。另外一个人是谁呢?是蒋公中正,他一生研究王学,所以到庐山时,也到那块石头上站一站,就是想看自己面临这样的险境,是不是会动心。

一旦置身危难重重的困境而能不怕、不惧,算不算是不动心呢?这还不能算是孟子所讲的真正"不动心",这还只是对外境的不动心,就像孟子所列举的那两位武士北宫黝和孟施舍的修养一样。那么孟子所认为真正的"不动心"是怎么样的呢?他认为要像曾子那样,中心要有所主,也就是所谓的"守约",内心要有所守。不动心并不是一个死东西,假如一旦父母死了,我们还在那里学圣人,不动心,这成什么话呢?如果不动心就是无情的话,那么父母儿女可以不管了,国家天下也不相干了,这个样子的"不动心"还能学吗?自古以来,很多学佛、修道的,都误以为"莫妄想"是不动念头,是究竟的真理,因而导致一种非常自私的心理,凡是妨碍打坐、用功的,都是讨厌的,都是不应该的。一天到晚什么事都不想做,也不肯做,就只是闭眉闭眼地要不动心。其实又要成仙,又想成佛,欲望比一般人大得多,你说这颗心动得有多厉害!可是一般修道的往往都忽略了这正是动心,还沾沾自喜地以为自己在不动心呢!

　　昨天一个朋友来,我正好和他谈起不动心的事,提到我最近写的两句诗:"事于过后方知梦,浪在波心翻觉平。"中国文学上我们常看到"人生如梦"这四个字,在境界上看来,多美,多洒脱;但在我看来,并不以为然,我看他和我一样,都是事后的诸葛亮,过后方知,人在身临其境时并不知道。就好比掉在海里,陷到大浪的中心点时,或者困在台风眼时,反倒觉得没有一点风,也没有一点浪;坐在飞机舱里,坐在快速火车上,自己反而不觉得在动。所以许许多多讲儒家修养的以及学佛修道的,把两腿一盘,眼睛一闭,打起坐来,清清净净的,自以为是"不动心"了、"无妄想"了,其实正是"浪在波心翻觉平"。为什么呢?因为他正有个大妄想就是要修道,正在动心啊!这正如佛经上所形容的:"云驰月驶,岸动舟移。"

　　如果我们把不动心认为是个死东西,那就完全错了,如果认为修养到"无念"的境界,就算得了道,那更是大错特错。现在反过来,看看普通一般人的思想,总是连绵不断的,一波未平,数波又起。就算打起坐来,一直告诉自己,要"莫妄想",也还是无可奈何!我们多半都不习惯说实在话,如果肯说实话的话,我们请一千个学道、打坐了几十年的人来问问看:静坐时,有没有妄念呢?我相信有九百九十九个半的答案都是"有妄念",都没有办法做到无妄念。如果说修养到了没有妄念,那很可能是像我前面所说的，"浪在波心翻觉平"，只是自以为清净无念罢了。

因此我们要注意，孟子的话没有错，他以他的太老师曾子为不动心的典范。曾子不动心的原则就是"守约"，所谓"守约"，是心中自有所守，有个定境，有个东西。因此要"约"，约住一个东西，管束一个观念，照顾住一点灵明。我们平常的思想、情绪都是散漫的，像灰尘一样乱飞乱飘。我们这边看到霓虹灯，马上联想到咖啡厅，接着又想到跳舞，然后又想着时间到了，必须赶快回家向太太报到。一天到晚，连睡觉时思想都在乱动，精神意志的统一、集中，简直做不到，所以必须要"守约"，守住一个东西。

专于一　万事毕

由此我们可以了解宋明理学家标榜"主敬""存诚"的道理，这也可以说是他们的高明处，没有宗教气息，只以"主敬""存诚"为宗旨。什么叫"主敬""存诚"呢？这也就是本篇下面一节，孟子所提到"必有事焉"的道理。好比人们欠了债，明天就必须还，还不出就要坐牢。但是今天这笔钱还不知道在哪里，于是今天做什么事都不行，听人家说笑话，笑不出，人家请客也吃不下，这种心境就是"必有事焉"。又好比年轻人失恋了，不知在座年轻人有没有失恋的经验，假如有的话，那个时候一定也是放不开。至于谈恋爱时，又是别有一番滋味在心头，就像《西厢记》所说"茶里也是他，饭里也是他"，到处都是他的影子。这就是曾子所谓的"必有事焉"。我说这句话可不是开玩笑，我们做修养功夫，如果真做到心里一直守着一个原则用功的话，那就上路了。

每个宗教对心性的修养，都各有一套"守约"的办法。譬如佛教要我们念一句"阿弥陀佛"，就是"**必有事焉**"的原则。密宗的这个手印、那个手印的，东一个咒语、西一个咒语的，也同样是"**必有事焉**"。又如天主教、基督教，随时培养人们对"主""上帝"的信念，乃至画十字架，也都是"**必有事焉**"的原则。说到天主教的手画十字，很有趣的是，密宗恰好也有画十字的手印，与天主教所画，先后次序不同。这两个宗教的手印到底是谁先谁后呢？实在很难研究的。现在不管这些，我们只专对学理来研究，把宗教的外衣搁下。每个宗教教人修养的方法，都是运用"必有事焉"的原理，也就是孟子所讲"守约"的路子。

我们是现代人，就先从心理状况来做一番研究。我们在每天乱七八糟的心境状态中，要想修养到安详、平和、宁定、超越的境界，是很难的。首先必须要训练自己，把心理集中到某一点——这是现代的话。佛教的"阿弥陀佛"、孟子的"守约"以及现代的"心理集中到一点"，是没有两样的，融会贯通了，就是这么个东西，这也就是所谓的"人同此心，心同此理"，道理、原理是一样的，只不过用词不同罢了。不论古人、今人、中国人、外国人，凡是真讲修养，就必须先做到"守约"。佛教所谓的入定，也就是守约的初基。所以孟子讲不动心的修养功夫，第一步就必须做到"守约"。如果就佛学而言，要修养到不动心的话，第一步就必须先做到"定"。"定"的方法是怎么样呢？照佛学原理说来，就要"系心一缘"，把所有纷杂的思绪集中到一点，这就是"守约"。如果发挥起来，详细讲的话，那就多了。

总而言之一句话，孟子认为修养到不动心，必须先做到心中有所主。

在座诸位有学禅的，有念佛的，有修道的，有信其他各种宗教的，或许有人会问：我坐起来什么也不守，空空洞洞的，好不好呢？当然好。但是，你如果认为自己什么都没有守的话，那你就错了，那个空空洞洞也是一个境界，你觉得空空洞洞的，正是"守约"。和念佛、持咒、祷告等，同样是"系心一缘"，只不过现象、境界、用词观念不同。

如果真正做到不动心的话，那就动而不动、不动而动了。说到这里，我想起明朝潘游龙的《笑禅录》，里面有一段提到一个秀才，到庙里拜访某位禅师，这位禅师懒得动，坐着不理他。秀才心直口快，就问他为什么坐着不起来。这位禅师就说：不起即起。秀才一听，拿起扇子，在禅师的光头上一敲，禅师气得问他：你怎么打人？秀才就说：打即不打。潘游龙在这部《笑禅录》里，是用禅宗的手法列举古代的公案，重新参证。他用轻松诙谐的题材，使人在一笑之间悟到真理。可惜胡适之先生竟误会《笑禅录》是部鄙视禅宗的书，所以引用它"打即不打，不打即打"来诬蔑禅宗，反倒令人失笑了。

如果真修养到不动心的话，那倒真是"不动即动，动即不动"了。这话怎么说呢？就是对一切外境都非常清楚，对应该如何应对也非常灵敏，但是内心不会随着外境被情绪所控制。这就是庄子所谓的"哀乐不入于胸次"。但是要注意，不动心并不是无情，而是不受一般私情、情绪的困扰，心境安详，理智清明。如此才能步入"内圣外王"的途径，才能为公义、为国家、为天下，贡献自己。

中国这几千年来，丰富的文化思想、多彩多姿的历史经验，是别的民族所没有的，这的确是值得我们自豪的地方。我们从历史经验中常常可以看到，有些人平常人品很好，但是一旦到了某个地位，就经不起环境的诱惑，而大动其心了；相反的，一旦失意，也经不起失败的打击，于是也大动其心了。现在在座的青年，看起来一个比一个淳朴可爱，但是有一天到了"哼啊！哈啊！"的显要地位时，或者变成一个大富翁时，周围人一捧，那时如果没有"守约"的功夫，那你就不只是动心了，而是连本有的平常心都掉了，昏了头了，这样自然就随着外境乱转了。

如果没有经过时间、环境的考验，很难对一个人的品德、修养下一个断语。这也就是孔子所说的"可与共学，未可与适道；可与适道，未可与立；可与立，未可与权"。我积一生的经验，对这几句话体会很深，许多人可以做朋友，但是进一步共同做事业，或者共同学道，那就难了。

又说"可与立，未可与权"，可以共学，也可以适道，可以共事业，但不能共成功，无法和他共同权变，不能给他权力。如果共同做生意，失败了也许还能不吵架；最怕的是生意赚了钱，分账不平，那就动了心，变成冤家。我常对朋友说：你的修养不错，差不多做到了不动心。不过，可惜没有机会让你试验，看看一旦有了权位，是不是还能不动心。人到了一呼百诺这种权势，连动口都不必，话还没说出口，旁边人就已经服侍得周周到到的了，这种滋味当然迷人，令人动心。所以要修养到"守约""不动心"，的确是圣人之学。我们如果详细讨论的话，还多得很，牵涉到古今中外，儒、释、道三家各种的修养。

养气功夫

下面有重要的来了，公孙丑对孟子所讲有关不动心的道理懂了没有，不知道。反正我们很感谢公孙丑，他不问的话，我们就没得听。他又问孟老夫子：孟老师的不动心和告子的不动心，差别在哪里？因为孟子提出告子比他早一点不动心了——现在我们补充一点，在座的老年朋友要注意，对生死不动心，就可以了生死，得道了。富贵、功名倒还不算什么，真能做到生死一如、对生死不动心，那就了不起了。这是补充前面的话。现在孟子说，告子的理论不通，"不得于心"的话，那就"勿求于气"，不要做修养的功夫，因为原理没有明白，做功夫也没有效果。心里还有怀疑，不能安详的话，气就不能宁静，不能得定。所以孟子说，心里不安详，气就不能定下来，这是对的。至于说对道理不明白，"不得于言"，就"勿求于心"，就不再研究，孟子认为那就不可以，这句话是有问题的，孟子说告子对于这一点了解得不彻底。

我们现在也不要帮着孟子来批评告子，只是提出这几句话。实际上告子这句话也不错。我们看了他们两人的观点，就好比什么呢？以禅宗为例，告子所说好比神秀的偈语：

　　身是菩提树　　心如明镜台
　　时时勤拂拭　　勿使惹尘埃

孟子所说则好比六祖的偈语：

> 菩提本无树　　明镜亦非台
> 本来无一物　　何处惹尘埃

当然，这并不表示他们俩的功夫程度与六祖、神秀相等，此处只是勉强做个比喻而已。

很幸运的，我们是现在研究儒家，如果我们生在宋代，那就完了，因为宋明这几百年间，只要你稍稍表明自己学佛修道，前途就完了。名气大如苏东坡，还是吃了这个亏的。尤其到了明朝，像我这样随便评论先儒，那有几个脑袋啊？现在可以了，到底是民主时代。在过去我们讲《孟子》，如果用这个比喻，那就变成大逆不道、旁门左道，很成问题。所以我们看历史，常觉得古人很可怜。不过话说回来，也许过一两百年，人们又看我们很可怜，这个事情就很难讲，现在我们这些闲话不谈。

接着，孟子提出"志"和"气"两个问题。所谓不动心，就是思想、情志不动。要做到不动心，就必须要养气。现在里面又钻出问题来了。孟子针对养气，提出"心"和"气"是一体的两面，他认为心理和生理是互相影响的。他答复公孙丑的结论是"*善养浩然之气*"，孟子的真功夫来了。这一下可好了，这浩然之气不晓得有多大！"浩"者，大也，大气磅礴。又一个问题来了，暂时把它摆在这里。

理气不二论

讲到这里，就要讨论"浩然之气"了。浩然之气，也是中国文化中的一个大问题。由于这个问题非常重要，因此我们就《孟子》原文所提"浩然之气"的渊源,先做一个概略的回溯,让大家对于孟子所以提出"浩然之气",与公孙丑讨论的来龙去脉,有个更深的印象。这样,读者对于这不可见、不可闻、不可触的"浩然之气",才能有更清楚的认识,甚至能有所体会。

最初,公孙丑请教他的老师孟子,在功成名遂的时候,动不动心。孟子告诉公孙丑,他在四十岁的时候就已经不动心了。由于"不动心"这三个字的提出,在后世,道家、佛家以及宋明的理学家们,都把它引用到内心修养功夫上去,成为"不起分别""无妄念"的同义语,作为身心达到"道"的最高境界的修养,并且认为是念头丝毫都不动的一段形而上的功夫。

不过,我可以大胆地说,这对孟子的本意产生了很严重的误读。孟子在这里对公孙丑所说的"不动心",只是对一切事功成就的不动心;也就是对人类社会中的名利、荣誉、权势以及物质不动心而已。

接着公孙丑认为,孟子能够对名扬天下、功在万古的人生境界都不动心,那需具有大智、大勇,否则是很难做到的。因此再讨论到勇的问题,而牵涉到北宫黝、孟施舍等几个武功很高的人,举他们的武勇来比拟,以便讨论得更具体。但是孟子在"勇"这一课题中所做的结论是:武勇之勇,并不是真正的大勇;真正的大勇,还要配合个人高度的修养。像曾子那样,或者如子夏一样,才是真正的大勇。也就是孔子教诲曾子的:自己有理时,虽然自己只是一个最普通的老百姓,纵然面对王侯将相,也丝毫不会感到害怕,也不会退却;如果自己理亏,则虽在千万人面前,也要认错,也要担负起责任来,这就是真正的大勇。

从不动心到大勇,也就是一个人的真学问、真正的修养功夫了。以贪墨而言利心，虽有千万元、上亿元的贿款放在面前，不但不会伸手去拿，连"这钱可不少啊"的念头都不会产生，这就要具有大勇的人，才办得到。

如汉朝的杨震，做官的时候，有人在半夜悄悄地送了一大批银子给他，杨震不肯收，那送钱的人说，现在这房子里只有你我两个人在，你尽管收下，绝对不会有人知道的。可是杨震对他说："怎么没有人知道呢？你知、我知、天知、地知。"那人听了，良心上也受到谴责，非常惭愧地挟了那一大包银子走了。

我们设身处地想想，那么多的钱，以自己的薪水算起来，大概两辈子也赚不了那么多。又当深更半夜，而且只有两个人面对面，没有第三者在场，这是多大的诱惑！如果没有大勇，就很难下拒绝的决心，更难说出那句使对方感悟的名言来。我们可以想象得到，杨震说这几句话时，他的心地是多么光明磊落，温语中有千钧之力，气魄多么的宏伟，这就是真正大勇的具体表现。

再回转来说，公孙丑又问道，大勇是怎么样修养来的，孟子说是由于意志的坚定来的。"坚定意志"这句话，嘴里说说容易得很。其实，没有相当修养功夫是很难做到的。公孙丑再进一步问，坚定意志有什么方法。孟子告诉他七个字："持其志，无暴其气。"如果下定了决心，就坚决地去做，绝对不改变，就像一个虔诚的宗教徒，绝不改变他的信仰一样。学禅的参话头，学密宗的念咒子，或如念佛，这些都是"持其志"。但仅仅"持其志"还是不够，不能成功，同样重要的还要"无暴其气"。

孟子这里所讲的气，包括情绪在内。大家对于事情，可以做或不可以做，平日都知道，认识非常清楚，都能坚持这个原则。但当心浮气躁的时候，就会受影响。譬如发怒的时候，理智告诉我们不要出口骂人,可是气一上来,嘴巴不受控制,骂人的话就出来了。所以"志"与"气"是两回事。而孟子说不仅要"持其志",同时更要"无暴其气",不使此气粗暴浮躁。因为心理与生理是相互影响的。心念专一,可以影响身体,生理机能会受影响。如专心看书时,往往别人说话就听不见;相反的,生理也影响心理,人生了病就情绪不好,思想或更敏锐或变迟钝。所以气修到专一归元,也可以改变意志。像被撞昏的人,就是气的作用而影响到意识的昏迷。有学静坐几十年的人,无论是佛家、道家,对修养的路子很明白,但始终不能得定,就是因为气调不好的原故。有些专门做气功的人,气炼得很好,可是心理上没有把理路搞通,也不能成功。"志壹则动气,气壹则动志",两者不可偏废。

这是孟子和公孙丑前面讨论的大概,现在则更上一层楼了。

"敢问夫子恶乎长?"

曰:"我知言,我善养吾浩然之气。"

"敢问:何谓浩然之气?"

曰:"难言也。其为气也,至大至刚,以直养而无害,则塞于天地之间。其为气也,配义与道;无是,馁也。是集义所生者,非义袭而取之也;行有不慊于心,则馁矣。我故曰:告子未尝知义,以其外之也。"

这时,公孙丑问孟子,你刚才说的,志和气相互影响,同等重要,那么请原谅我冒昧地问一句,你的修养功夫,在这"志"和"气"两方面,哪方面比较高明呢?

孟子说，我在志的方面，也就是心理方面，对于至高无上的真理，已经了解，到达即事即理、事理不二的地步了。"难言也"就是很难说明白的意思。他说：我善于"养吾浩然之气"。这"浩然之气"就是这里的重心了，我们先做文字上的解说，然后再深入讨论。

这句话里头"我"与"吾"这两个字，平常是同义字。但在这里，则有不同的意义，否则的话，孟子为什么不说"我善养我浩然之气"或"吾善养吾浩然之气"呢？因为这里的"我"是专指孟子本人，是他的自称，而"吾"字则泛指我们人类。如果译成今天的口语，就是"我善于养我们人类所具有的浩然之气"。从这句话可以知道，"浩然之气"是大家都有的，是人人都可以养的，但是懂得的人很少。孟子则不但养气，而且还很善于养"浩然之气"。

其次，"浩"是表示浩大、充满、浩渺空泛等含义的形容词。

最重要的是这个"养"字，不是"炼"，这个养字用得太好了、太妙了。这是要特别注意的重心所在。

浩然之气

公孙丑又再问：什么是"浩然之气"？

孟子说：这就很难讲了。孟子这里"难言也"三个字的含义，和释迦牟尼佛所讲"止！止！不须说，我法妙难思"的意义差不多。并不是孟子养气不行，也不是他不善于辞令，而是"浩然之气"真的很难讲。我们知道天地间的确有些事，是所谓"可以意会，不可以言传"的，硬是无法用言语文字来表达的。

虽然如此，孟子结果还是讲了，因为身为老师的责任，就在传道、授业、解惑，学生有问题提出来，还是要教他的。所以他告诉公孙丑说：这浩然之气，浩大无比，是阳明之气，强而有力，是不可动摇变更的，是光明而且生机活泼的等。如以佛学的术语来说，便是无量无边、圆明清净的。当然，孟子时代佛学还没有传入中国，我们只是用比喻来说明而已。孟子只讲气，这气是至大至刚的，是他所善养的那"浩然之气"的原则和定义。

其次，他讲到养气的方法，是要"直养"。难道说，不能横着养？也不能躺下来养吗？当然不是这样解释。所谓"直养"，要连着下面"无害"一起来读，就是如同我们抚育小孩，要顺着他心理、生理自然生长发育的情况，去栽培他、养育他。既不能奶粉不足，也不可钙片太多；如果营养不足或营养过量，都是会出毛病的。

在养气方法上，另一个比较抽象的原则，就是"气"要配合"义"和"道"，"义"是义理，"道"可指形而上的道理，同时也可比为形而下的道路，轨道的道，也就是要有方法，不能出轨。假如不是配合义和道，这气就"馁"了，养不成了，无法充塞于天地之间了。

孟子再深入一层说：这气是"集义所生"，把一切"义理"（原理）都透彻、明白了，并彻底做到以后，才能养成这股浩然之气。并不是自己本身只讲做功夫，对一切义理没有彻底了解和体认，只从传说的道理中，因袭套用附会、生拉硬扯就可以得到的。而且，尽管借用别人正确的义理，可是自己没有亲身实践，也是不行的。等于放了一包菜心在这里，张三说是萝卜心，李四说是菠菜心，王五又说是芥菜心，到底是怎么回事，你一定要亲自打开看了，才能决定要怎么煮这包菜。这等于佛家讲修行，先要明理，然后再行修定。

而且，心与气是相连的，所作所为，心理上如果觉得不对的时候、有罪恶感的时候，或者感觉难过的时候，这气就消弱，不能起作用了。做小偷的人，他一偷再偷，习惯了，坐牢出来还是偷，看起来好像一点不气馁；可是他在行窃时，只要附近有一点声响、有一个影子，他还是会害怕气虚的。这就是做不善不义的事时，气自然会馁的最简单的道理。

最后孟子说：我所以说告子还没有彻底了解这个道理，是因为他把心与气分开为两回事；他认为心是属于内在精神，而气则属于外在物质。这是不正确的，这气应该是有心无形质的气，心与气是相连的。

浩然之气与正气歌

关于"浩然之气"，现在我们再加讨论。

我常说，对于孔孟形而上的道与形而下的用，尤其对于孟子的"浩然之气"了解得最为深刻，在行为上表现得最彻底的，南宋末代的文天祥要算是第一人。他那首名垂千古的《正气歌》，对浩然之气有很精彩的发挥，不但说出了孔孟的心法，更把佛家道家的精神也表现出来。宋代自有理学创宗以来，修养最成功的结晶人物，可以说就是文天祥了。他是中国理学家的光荣，他的学问修养是宋明理学的精神所在。历来解释《孟子》的浩然之气，对"直养而无害，则塞于天地之间"解释得最好的，我认为就是文天祥《正气歌》中的头一段，最为扼要精简。后面几段当然也好,不过后面的我们暂时不讨论。文天祥的学术思想,把宋明理学家们有时自相矛盾的"心气二元",直截了当统一成为"心气一元"。他认为宇宙生命的根本来源就在于气。这个气不是指我们呼吸之气的气,这个"气"字只是个代名词,一个代号而已。

《正气歌》一开头便说,"天地有正气,杂然赋流形",我们要注意这个"杂"字,"杂"就是"丛"的意思。古人学问著作都有所根据,哪怕是作首诗、填个词,他们用字都有所依据。这里"杂"字是由《易经》的观念变化而来,《易经》认为宇宙万有的关系是错综复杂的。我们要注意啊!错综复杂并不是说它乱,而是说条理很严谨,彼此之间都有层层的关联。我们平常一听到错综复杂,就想到是乱,这是后世以讹传讹的错误。所以文天祥在《正气歌》里说,"杂然赋流形",万物都由气的变化而来。形而下的万有就是形而上的本体功能的投影,叫做"正气",把儒家、佛家、道家的最高哲理都包括进去了。

而后他又接着说"下则为河岳,上则为日星",他把宇宙分为两层,这也是仿照《易经》"天尊地卑,乾坤定矣"的观念而来。他把气也分为两种,一种阴气,一种阳气。我们不要一看到"阴阳"就觉得很玄奥,其实"阴阳"就好比我们现在数学上加和减的代号。由阴阳二气的变化,就形成了我们这个物理世界。"下则为河岳",气之重浊者,也就是属阴的气,下凝成为形而下的地球物理世界,例如山川草木万物等。"上则为日星",气之轻清者,也就是属阳的气,上升成为天空、日月星辰等万象。

下面一句他就说"于人曰浩然,沛乎塞苍冥"。这气,对天地万物而言,总名为正气,对人而言,便叫它是浩然之气,宇宙万有乃至人类,都是它所变的。这又是中国文化的特色。在中国文化里,人占着很重要的分量,因此有所谓"天、地、人"三才的说法。人和天、地是处于平等地位的,是同样伟大。天地也常有缺陷,并不一定圆满,而生在天地间的人,却能运用智慧来弥补天地的缺陷,辅相天地,参赞化育。往往天所赋有的特点,不是地所具备的功能;而地所赋有的特点,又不是天所具备的功能。但是人却能运用智慧,就当时需要来截长补短,使天地二者沟通而调和。所以说人可以辅相天地。那么文天祥就说了"于人曰浩然",这股正气在人的身体生命中,和在宇宙中一样,遵循二元一体的原理,分为两部分,一部分是物理的、生理的,一部分是精神的、心理的。这股正气到了人的生命中,才叫"浩然之气"。我们如果好好修炼,培养这股与生俱来的浩然之气,就可以发挥生命的功能,和宇宙沟通,所以说"沛乎塞苍冥"。

整个宇宙,包括了人类,都与"正气"同体,都为"正气"所化;在人身上,则特别叫它"浩然之气"。两个气名称不同,代表一体两用。

他这几句话,对"浩然之气"解释得比什么都好,翻开宋明理学家的著作,都没有他说得干脆利落、简单明了。那么我们由文天祥这一杰作的发挥,对于孟子"我善养吾浩然之气"的"我"与"吾"两个字的意义,也就更加清楚了。

那么我们要问:"文先生!既然你有浩然之气,应该不会被元朝敌人俘虏坐牢才对呀!"

其实文天祥被关起来、被杀害,也正是浩然之气的发挥。他的《正气歌》接着列举许多历史上的忠臣烈士,这也就是孟子所说的"以直养而无害",义所当为,赴汤蹈火在所不惜,该如何便如何,生死早就置之度外。所以他的《正气歌》最后便说:

"顾此耿耿在,仰视浮云白。悠悠我心悲,苍天曷有极。哲人日已远,典刑在夙昔。风檐展书读,古道照颜色。"说明"是气所磅礴,凛冽万古存",其中隐含的最高道理,使人深思,同时也描绘出一个智者踽踽独行的心境,何其苍凉悲壮、崇高伟大。

重点还是上面的几句话,尤其是"于人曰浩然,沛乎塞苍冥",大家要注意的是:我们每一个人只要活着,就有这股浩然正气,这是生命本有的,只要肯下功夫,每个人都能够由博地凡夫,修养到天人合一的境界。

这是文天祥在苦难中体验出来的真理,他这牢狱中的三年,太不简单了,他只要肯点头,元朝一定请他当宰相。当他在宋朝的残破局面中面临亡国时,到处奔走,只是个无权无势又无富贵可享的虚位宰相。他不向元人点头服从,就只有坐在牢里,面对着牛粪马尿、苍蝇蚊虫,但他就是硬不点头。忽必烈最后一次和他谈话时,他谢谢忽必烈对他人品才华的赏识,引为知己。但是他仍不肯点头,要求忽必烈成全他。到这个时候,忽必烈虽然爱惜他,却也气极了,答应他第二天行刑。这时他才站起来,作揖拜谢忽必烈的成全。我们看,这是何等的修养!这是何等的气象!这就是"沛乎塞苍冥"的浩然之气。

文天祥在刚被俘的途中,曾经服毒、投水,以图自杀,都没有成功。后来遇到一位异人,传给他大光明法,他当下顿悟,已了生死,所以三年坐牢,蚊叮虫咬,但他在那里打坐,一切不在乎。所以他说只要持心正气,一切的苦难都会过去,传染病都不会上身了,当然做元朝的宰相更算不了什么。有些学佛学道的朋友,常常问念什么经、什么咒可以消灾免难、驱邪避鬼,我说最好是念文天祥的《正气歌》。可惜大家听了都不大相信,我也无可奈何！至于后世道家的咒语，便有一个根本的咒语《金光咒》，起首就是"天地玄宗，万炁本根"的词句，也可以说是从《正气歌》中套出来的。

心气一贯

继续要讨论的，是"浩然之气"和我们现在修养的关系。

我在年轻学禅时，我的老师袁先生对我说："对面的院子从来不开门，里面住的是谁你知道吗？那就是你的太老师，是修道家丹法的一位老师。"袁老师早年也曾学道，他老人家后来供养了这位学道的老师半辈子，真是数十年如一日。某天袁老师要我去参拜这位太老师，可是他对我说："你去看太老师之前，我有个问题问你，你先回答了再去。你说说看，到底是念先动，还是气先动？"我当时脱口而出便说是念先动，他听了以后才让我去看。原来我的那位太老师，因为是修道家的神仙丹道法，始终坚持是气先动，而袁老师则认为是念先动，但是又不愿去反驳老师，也不敢苟同。

不过后来，我再经过研究，认为不但是气先动不对，念先动也不对。根本上分先后就不对。严格地说，分不出先后，念动气就动，气动念就动，就是老子说的："此二者，同出而异名。"所以心物是一元的，心气也是一元的，是一体的两面。好比一只手，有手背也有手心。伸一只手出来，是手背先动还是手心先动？有形的是同时动；在形而上则犹如禅宗的道理，不是手背动，也不是手心动，是伸手者的心动了。心、手背、手心，三者合一，所以后世的禅师们，也有画一个圈，中间加上三点，这就与"太极含三"的道理一样了。

老子说："一生二，二生三，三生万物。"这一方面的学理，老实讲，佛家和道家互有轩轾。佛家讲心的形而上学是第一等的，无人可以超越；但在气的这一方面，却又须另当别论了。

我们再来讨论浩然之气的"气"字。

我们中国文化中这个"气"字，是很难解释的，十多年前，曾经有一个美国学生问我，这个"气"字翻成英文，该是哪个字。我说还是不要义译，还是音译好了，然后加以注解，比较妥当。孟子这里对这个气就有几层解释：第一，"至大至刚"，是形容词。第二，"配义与道"，说明这气与精神合一，也就是心物一元的，与"义"有关的。第三，和形而上的至理是合一的，与逻辑上的至理也是合一的，也就是与思想上无思无虑的最高境界是合一的，属于"道"。

我们读这一段，好像糊里糊涂的，就是弄不明白。孟子刚说过"难言也"，我们也可以对孟子说"难懂也"，确实是很难懂。不从实际修养，光从言语文字上，的确是很难了解这个气的精义。

这是孟子说的养气，现在我们回过头看看文化历史，孔子可没有讲气啊！他没有传一套炼气、养气的方法给曾子吧？更没有什么九节佛风、宝瓶气啊，以及六妙门中的数息、随息、止息等修气的方法吧？曾子著的《大学》也没有讲气呀！那么曾子传道给他的学生，就是孔子的孙子子思，子思著了《中庸》，也没有谈养气啊！何以到了战国末期，孟子提出养气来呢？而且养气还养得很高明呢！在后面的《尽心》章里，孟子把养气的功夫都写出来了，也等于把道家的任督二脉、奇经八脉，乃至后来学密宗所讲究的什么修气、修脉，都讲到了似的。只不过，他没有用这些名词。

孟子在《尽心》章里说："可欲之谓善。"修养功夫做到了，只须稍稍用力，就能念念在兹，念念善相呼应，就好像一般人之有所欲求一样，是那么的自然。能做到这样，就是到达善的程度了。"有诸己之谓信"，修养到了，功夫自然上身。做修养功夫的人，平常打起坐来，都是在用心寻找功夫，等待着功夫的变化。一旦程度真的到了，功夫自然来找你，这是很妙的，如人饮水，冷暖自知。到底什么叫功夫自然来找你？只有过来人才知道，我在此只能点到为止。这句话也就同吕纯阳的"丹田有宝休寻道"有同样的意味。"充实之谓美"，然后扩而充之，当然什么奇经八脉、三脉四轮的都通了，这时候的境界美极了。"充实而有光辉之谓大"，再进一步，本性的光明自然呈现。"大而化之之谓圣"，继续韬光养晦，就到达圣境，"圣而不可知之之谓神"，到达了与天地精神相往来，明通造化之机，别人无法测知的神妙地步。

孟子把修养的次第都详尽地说出来，真好比佛家的《菩提道次第论》一样。不过，这些并没有放在这一章，都在《尽心》章中提出。孟子对养气养心的功夫很有心得。孔子呢？并没有说过类似的话。

我们都知道儒家传道以《书经》为主，《书经》是尧舜传心的法则，"人心惟危，道心惟微，惟精惟一，允执厥中"，并没有讲到气。尧、舜、禹、汤、文、武、周公这一路下来，一直到孔子，都没有谈到气，但是中国文化里谈养气之学的，追其根源，则比尧舜传心法还要早，这就要追溯到黄帝时代了。

《黄帝内经》这本书，虽然后世考据，认为是后人的伪造，但道家自古尊黄帝之说,重视养气的功夫。而孟子所处的战国时代,北方燕国和齐国两大强国,讲究修道的方士特别多。那时讲究炼神仙丹药,就像现在研究科学一样,非常热门。如果谈到中国文化里的科学发展问题,那么在战国时期,首先发展科学的,就在齐燕两国。有关医药及化学方面的学术,都是从这里发展出来的。南方的道家,比孔子还早的老子,以及稍晚的庄子,都是楚国人,都提到过养气。就像我们现在,不管你怎么保守地谈传统文化,难免会带上些现代的名词,掺杂些科学的知识。所以孟子在战国时,讲到修养功夫的养气,不能说没有受道家方术的影响。儒家由孟子开始提出养气,而且说得很坦率,强调养气的重要,证据确实凿凿,如果要讲修养的功夫,而"养气"没做好的话,那是办不到的,只好免谈了!

道家的炼气

现在我们再回过来看看道家的养气之学。沿黄河南北,是中国古老科学最发达的地带,那些相当于现代的理论科学家的人们,当时都出在燕(北京、河北一带)、齐(山东胶东一带)。这是我们要特别注意的,尤其是年轻同学,对这些方面的资料,恐怕连书名都没有听说过。事实上,在这一方面,我们有很丰富的历史文献。

英国人李约瑟,写了一部《中国科学技术发展史》。十多年前,有个学生买了一套原文的给我,我当时翻开书,指着那些道家的书名问学生们,居然没有人知道。惭愧不惭愧?自己是中国人,连这些书名都不知道,这样还要号称复兴中华文化,不是太可笑了吗?

当时北方燕、齐的道家,都尊奉传统的道术为修持的本源。《黄帝内经》和《难经》这两本书,虽然有人说是后人伪作,但的确是上古道家思想的汇编。我们再看南方的道家思想,此时弥漫了全中国,所以当时军事学家的思想,如《孙子兵法》,皆以道家思想为最高的指导原理。孙子的后代孙膑,也属于道家,相传他的老师是鬼谷子,不过事出有因,查无实据。不过我们可以说,兵家出于道家,此外,医家、农家、纵横家、法家也都出自道家。

只有坐而论道、专门强调仁至义尽的,才算是儒家。其余都是道家的天下。

南方的楚国,是战国时新兴的强国,当时敢与秦国抗衡的,只有齐、楚两国。楚国最后被秦国所灭,有一位和我一样姓南的楚南公,他说:"楚虽三户,亡秦必楚也。"他认为楚国尽管亡国了,哪怕最后只剩三户人家,但将来推翻秦国暴政的,一定是楚国人。结果,项羽、刘邦起来了,就是楚国人,他的预言说中了。

我们再看看楚国的道家思想。老子曾说,"专气致柔,能婴儿乎",正式提出了养气。学太极拳的大多以老子这句话做标榜,现在我们不管练拳不练拳,你能做到像婴儿一样柔软吗?好,问题来了,婴儿连骨头都是软的,我们能吗?柔到了极点和刚到了极点,境界都是一样的,就像孟子说的赤子之心。老子又说:"谷神不死,是谓玄牝。玄牝之门,是谓天地根。绵绵若存,用之不勤。"这都是说气的作用。我们平常不要哼啊哈的,那么卖力气地苦炼气功,《庄子》第一篇《逍遥游》说"野马也,尘埃也,生物之以息相吹也",就是讲气。《齐物论》里也说,宇宙的发生主要在于风，也就是气。这些都是叙述气化的原理和境界，甚至在《养生主》里正式提出督脉的重要，"缘督以为经"，等等。这些都证明了战国时代修心养气的功夫，在道家思想中占了很重要的分量，流传下来，影响了中国文化好几千年。所以比孟子稍后一点的荀子，也讲气，这都是时代的影响。

我们把眼光放大一点来看，这种炼气的修养功夫，可以说是东方文化的特色。在印度也是一样，后世有人研究印度的学术，说印度的婆罗门教，在孟子这个时候，已经传到中国来了。但在中国文化史上，找不到确实的资料，这实在又是一个大问题。因此，我常觉得学问是搞不完的，究竟是印度的气功受中国的影响，还是中国的气功受印度的影响呢？实际上，印度的婆罗门教在秦始皇时就到了中国。历史上记载着，秦始皇抓到了几个很高很大的人，从印度来的，就把他们关在监狱里，结果他们自己又跑出来了，关不住。秦始皇虽然觉得很奇怪，但没有追究，结果就算了。因此传说，当时印度的婆罗门教也有神通，当然也是由炼气而来。至于中国，早在秦始皇之前就有了气功的修炼。所以有人说印度的婆罗门教，后来蜕变成密宗的气功，也是由中国的道家传过去的。

我们归结而言，气功可以说是东方文化的特产。甚至可以说，东西方文化，本来都是一个根源，经过一个冰河时期的变化以后，东西方人类受空间环境的影响，又各有发展。这是另一个问题，这里暂不讨论。

自孟子提出养浩然之气以后，中国文化中关于养气这方面的功夫就多了。秦汉以后的道家，就讲究服气，或称伏气。服气就是现在药物"内服"的服，代表吃的意思；伏气的伏代表的是息的境界。人修成功，气充满了，的确就可以不必吃饭，可以长寿成神仙，所以张良的"辟谷"，并非完全假托之词。到后来伏气功夫形成具体的方法，后世道家就称这种方法为炼气或服气。

我们试看道家修心养性的一本重要文献，所谓千古丹经鼻祖的《参同契》，是汉朝魏伯阳所作。后世修炼神仙丹法之道的，多半是从这本书脱胎变化而来。而中国最初的理论科学，尤其是药物化学、炼金术等科技理论，也都和这本书有密切的关系。这本书的内容，我们不在这里讨论，只是概要提出，这本书和中国神仙丹道的主旨，都认为人的生命可以永恒存在。而养气的功夫，则是生命永恒存在的重点。它的重心是在修养精、气、神合而为一的先天元炁。

我们中国的"气"字有许多写法："气"，是指空气；"氣"，是人身进食以后，在体内所产生的生理之"氣"；"炁"是"无""火"两字合成，表示没有后天的"气"或"氣"，而是先天的"元炁"。

演变到了后世，就产生了炼精化气、炼气化神、炼神还虚这一套修道的体系。由我们现有的生命能，经修炼之后，再产生一个自己新的生命能。这在理论上是可以做到的。一般由两性交配而产生新的生命，是生命繁殖滋生的延续功能。而道家的理论认为，不必经过阴阳两性的交配，而将此生生不息的功能逆转，返回自身，利用人人俱有的身心修炼，可以再产生一个新的生命。而这个新生命可以出神入化，不受时空的影响，可以与天地同根，与日月同寿，与万物一体，成为神仙，而长生不老了。

在人类文化中，中国文化的这种炼气思想，是非常特殊的，可以说，只此一家，别无分店。人类各民族各国家的宗教文化，都是想要脱离现世的痛苦，而建立另外一个天堂或佛国，希望死后能往生到天堂或佛国去，这是属于精神的。但是中国道家的炼气不同，不需要去找另一个世界，不需另外建立什么天堂佛国，在现有的这个世界中，就可以做到。

其他宗教，虽然是讲生死两面，但讲到最后的结果，却只注重死后的一面。只有中国文化，看生的一面，谈生生不息，不只是站在死的这面看的。同样的，炼气这一学说体系，也是站在生的一面看人生。其他宗教看世界，好像是凄风苦雨、暮云入谷，大有站在坟场上看世界人生的味道。而中国文化则不然，看世界有如站在高山顶上，面对初升朝阳，在一片光明中看世界，真是生生不息。

后来到魏晋期间，道教的《高上玉皇心印妙经》出来了，于是"上药三品，神与气精"，由炼气成为炼精、炼气、炼神三样法宝。人可以掌握生命，永远年轻，青春常驻，永远活下去。因此影响到后世的修炼三部曲。也有人说，佛家的修戒、修定、修慧也是如此，我们不在这里比较，免得引起两家的争执。

那么，佛家受不受养气之说的影响呢？隋唐之间倡行的天台宗，讲究止观，采取魏晋以来初期翻译的《达摩禅经》等之修法，主张坐禅调息最为重要。这里的息也就是气。智颉大师所著《摩诃止观》法门，主张上座第一步就得炼气，只不过换一个名词——调息。但他们分的层次比较精细。我们抛开宗教不谈，就纯学术的观点而言，天台宗是吸收了佛教，乃至密宗以及中国道家的长处，加以融会后，把气分为三个层次。初期佛学传入中国，讲究修证功夫的经典，便有《大安般守意经》等的翻译。所谓"安般"，便是梵语"安那般那"的简译，也就是出入息的意思。"守意"，等于孟子的"养心"，连起来说，也就是养心养气的一种修证方法。隋唐以前学佛的人，证果的比较多，大部分都是走这个功夫的路线。

治心与养气

现在有很多年纪大的朋友，都会做功夫，其中有学道家的，有学佛家显教的，也有学密宗的，各种各样的功夫都有，真可以说是各路神仙都汇集了。不管学哪一种宗派，修养功夫没有不炼气的。刚才说的佛家止观法门，先叫我们调息，调息和修养有关，什么叫做调息呢？他们把人的呼吸分为三种程度。

最初的叫做"风"。我们普通人呼吸往来，会有细微的声音，当然在我们谈话的时候，因为外面车子来来往往的声音太多，我们听不见自己的呼吸声音，如果回家躺在床上，就会听到自己粗呼吸往来的声音，这种呼吸就叫"风"。风动得越厉害，我们心里的思想就越繁杂，越不能宁静。所以当我们躺在床上失眠的时候，呼吸比较粗；越睡不着，呼吸就越粗。所以我们研究一个人，当真正睡着的时候，没有呼吸的往来，一点呼吸都没有，那一下的时间很短促，几秒钟，那时是真正的休息，真睡着了。等一下，又深深吸一口气。我们注意观察，会发现他的眼珠有些微微的转动，脑神经又开始活动，很可能他的梦境又上演了。据科学研究，我们一般的梦，最长不会超过几秒钟，在梦中我们觉得过了好几天，其实只不过是几秒钟而已。

至于第二个程度的呼吸，就叫做"气"，呼吸往来比较细，一点声音都没有，呼吸到了这个程度，还不行。

最高程度的呼吸是"息"，我们平常做功夫，所以不能得定，思想不能静下来,就是因为呼吸还没有到达"息"的地步。所谓"息",就是老子所谓的"绵绵若存,用之不勤"的境界。当心境到了宁静安详的境界,几乎不起任何杂念,身心一片轻快、安乐时,呼吸是"绵绵若存",好像有呼吸,又好像没有,所以他说"若存"。那么,他为什么不说"绵绵若绝"呢?如果说"绵绵若绝"就是好像要断了,和"绵绵若存"的观念就两样。所以我们写文章要注意,一字之差往往在观念上就相隔千万里了。

下面一句是"用之不勤",所谓"用"就是作用,"勤"就是勤快。功夫修养到了"绵绵若存"的时候,就"用之不勤",这话怎么说呢?这就是孟子所说的不能揠苗助长,要"直养而无害",不能用意帮忙他慢或快,必须顺其自然发展,循序渐进,不可以想法子加工,让他快或慢。

修道的人都希望得定,真得定的话,连"息"都停止了。而一般做功夫的人,不要说息停止办不到,连到达"息"这个程度都做不到。打起坐来一呼一吸的,拉风箱似的,没有到"气"的程度,当然更谈不上"息"了。这个样子,外气都不能息,怎么能达到《大学》里所说的"知止而后有定,定而后能静,静而后能安"呢?"静""安"没办法做到,更进一步的"安而后能虑,虑而后能得"的智慧境界就更免谈了。所以,既不能得定,当然也就无法生慧。

拉拉杂杂地说了这些,大家大概可以了解一点如何养气、如何培养浩然之气了。

后来到了唐、宋六七百年间,像西藏所传的密宗,也主张炼气,认为成佛的初基方法,必须炼气。但是他们不叫炼气,而叫修气、修脉、修明点、修拙火,所谓打通三脉七轮,为修行成佛的必须过程。至于现在印度的瑜伽术中，修"身瑜伽"的一派，根本完全是讲究炼气。

上面所述，中国的、东方的，扩大范围而言，包括全世界，这许多有关谈炼气的学术和方法，都直接或间接地和孟子所说的浩然之气有互相关联之处。

平心静气

中国读书人每每喜谈"养气"，有时还劝人"心平气和，多养气啊！"养气这功夫可真难。我们试看宋末元初方回的一首诗，就知道养气之难了。

> 万事心空口亦箝　如何感事气犹炎
> 落花满砚慵磨墨　乳燕归梁急卷帘
> 诗句妄希敲月贾　郡符深愧钓滩严
> 千愁万恨都消处　笑指邻楼一酒帘

他第一句诗说"万事心空口亦箝"，本来把万事都看空，把世间一切都看透了，自己把嘴巴也封起来了，对人对事，都不再去批评讨论了。"如何感事气犹炎"，可是一碰到什么事情，气就来了。就像讲究养气的人打坐，原来在座上，心平气和挺好的，可是一碰到不对劲的事情，就发怒了。"落花满砚慵磨墨"，这第三句，有浓郁的文学意味，本来想写写字、作作画的，可是一阵微风过处，落花片片，有几瓣飘飞入窗，刚好掉落在砚池中托身。见到这砚池中落花沾墨，又是一种情思，而打消了写字作画的念头,连墨也懒得去磨了。这就是受了外境的影响,而移转了自己的心意,虽然人好像懒了,但还是心动气浮,几片落花就影响了自己。可见这和孟子说的"持其志,无暴其气"的七字"真言",就不相符合了。

"乳燕归梁急卷帘",这第四句的写景也颇美的,一双筑巢在梁上的燕子,生了乳燕,初出窠巢试飞,倦了归来时,帘子挡住了它们的归路,自己又急忙去把帘子拉起来。虽然是一个善意的举动,但到底还是动心了。

第五句"诗句妄希敲月贾",这是描写作诗的好胜之心,"好胜"也是气动。这句诗中"敲月贾"三字,是有典故的。

唐时有一个著名诗人贾岛,他有一次作诗,其中有一句是"僧推月下门",后来又想想其中"推"字不大好,而改为"敲"字,成了"僧敲月下门"。但是究竟用"推"字好,还是"敲"字好呢?决定不下,于是在走路的时候,边走边反复吟诵,不知不觉就撞了韩愈的驾。那时韩愈是大官,正骑在马上,卫士们当然把贾岛抓来。韩愈一看是个秀才,就问贾岛,走路为什么莽莽撞撞的?贾岛说:因为我正在一心作诗,所以没有注意到。韩愈一听到这个人会作诗,大感兴趣。贾岛说明内容,韩愈大为赞赏,而且主张用"敲"字。于是贾岛的诗名大起,名满长安了。后来对于斟酌文字,称作"推敲",就是从这个故事来的。

我们知道了这个故事,就知道方回这句诗的意思,就是作诗时,也是求好心切,望胜的心大了。

第六句"郡符深愧钓滩严",这是坦率说自己养气功夫的不行,遇事仍会动心的境界。严子陵是东汉光武帝刘秀的好朋友,光武中兴,刘秀当了皇帝,找严子陵来做官,严子陵不但不去,反而躲到富春江上，穿件蓑衣，戴个斗笠，在江边钓鱼。但是这个作者方回，此时接到郡守的任命状，就高兴起来，不过回头一想到严子陵的高风，反而感到惭愧了。

我们记得公孙丑问孟子，假使在齐国当政功成名遂时，动不动心，孟子说不动心。现在方回对一张任命状都动了心，这又是说明养气之难了。以诗论诗，这首诗第五、六两句都不算高明，喜欢用人名来押韵，是学苏东坡的作诗技巧。但苏诗这种技巧，并不足以取法。

最后两句"千愁万恨都消处，笑指邻楼一酒帘"，这是他的结论，最后想想，人生还是不要动气，不必动心。不过他的不动心、不动气，是要靠隔壁那家的酒来帮忙的，这不是要靠酒醉来自我消气吗？

所以我常说，中国的哲学思想很难研究，因为多半都包含在诗词与文学作品之中。我们看方回这首题为"春半久雨走笔"的七律，八句诗中，句句都含着哲学思想。

事实上，自唐宋以后的士大夫们，讲究静坐的、学习吐纳的、做炼气、养气功夫的非常之多，我们随便举几个大家耳熟能详的人，他们都曾做这方面的功夫。如唐代白居易有首诗：

> 自知气发每因情　情在何由气得平
> 若问病根深与浅　此身应与病齐生

这完全是他养气功夫的报告，他说自己明明知道，气动的时候，一定是受了感情的影响，是心动而同时气动。所以在没有修到无心地、尚有我此心时，则必因情而动心，心动就气动，那么气也就没法养得平了。如果要问容易动气的毛病有多大的话，老实说，当你一出生，有了这个生命的时候，这个动心、动气的毛病就有了。因此他又有一首诗说：

病来道士教调气　老去山僧劝坐禅
孤负春风杨柳曲　去年断酒到今年

一面在修心养气，一面又在动心惹气了，看起来蛮好笑的。又如宋代苏东坡的诗：

析尘妙质本来空　更积微阳一线功
照夜一灯长耿耿　闭门千息自濛濛

他说，这是一个物理世界，我们予以层层分析，分析到像微尘那么微细，再去层层剖析，到最后，它里面的中心则是空的。现代的自然科学，已经证明了苏东坡所引用的这项佛家理论的真实性。所谓原子、核子、中子等，剖析下去，最后的中心是空的。而这本来的虚空，又因"更积微阳一线功"——这又是我国传统文化《易经》的道理。本来世界就是虚空的，只是因为一点点阳能持续回复的作用而奏功，由虚空产生了万物万有。认识了这一项真理，在晚上一盏孤灯之下打坐，把心念之门关上，千念万虑都摒诸心门之外，于是气息平静，久久都在一种濛濛然的氤氲状态之中自由自在，舒适安详了。本来苏东坡对佛道两门的学问修养，都很喜欢研究，而且也有点实践的小功夫，所以在他的这首诗里，对养气的功夫，做得好像较有进步；但是他在狱中作的诗有"梦绕云山心似鹿,魂惊汤火命如鸡",不免又动心惹气而不安了。

还有陆放翁的词里也说:"心如潭水静无风,一坐数千息。"所谓潭是指山中小溪流经之处,有一较宽阔的深水聚处,天然有调节溪流水位的作用,在溪流中称为潭,如台湾的日月潭、碧潭、鹭鸶潭等。在河川间,则名为湖,面积就更广阔,水也更深,如大陆的太湖、鄱阳湖、洞庭湖等。放翁在词中说,养心养气,要养到像没有丝毫风吹的潭水,水面上没有一丝涟漪,平静得如同镜子一般,这样一坐下来,就连续数千息。一呼一吸称为一息。平常人打起坐来,心念平静的时候,呼吸是非常缓慢轻微的,甚至好像不在呼吸,而勉强去分辨,一息可能至少要三四秒钟。而在这心如止水的平静之中,一坐可以数千息之久,也是很不容易的。陆放翁的"一坐数千息",是在静坐中做数息观的老实话。

心理专注出入息的次数,便是佛家讲修养方法的专注一缘,系心一缘,也就是与孟子所谓"持其志,无暴其气"的原则相同。我们读了陆放翁这些词句,便知道他晚年也讲究养气的功夫,这和他描写自己少年时代的"早岁那知世事艰,中原北望气如山"的气概,虽然同样是使气任性,但此时的数息养气,当然不是少年时代壮气凌云一般的粗放了。如果以人生的岁月经历和心情来讲,他写"一坐数千息"的词句,应该在他写下面这首《再过沈园时》的诗句之后了。

　　　梦断香销四十年　沈园柳老不飞绵
　　　此身行作稽山土　犹吊遗踪一泫然

如此论断都是想之当然的事，而放翁毕生的意气，却是至死不衰，所以才有下面这首诗表达的临老的庄严壮气。

死去原知万事空　但悲不见九州同
王师北定中原日　家祭无忘告乃翁

这些虽然都是文学上的气概，但文字、语言与意气之间，却是息息相关、不可以分割的。

从这些唐宋文学名人的作品中，可以知道养气之难。这个养气，也就是孟子所讲的，与不动心相配合的养气，需要大勇。像文天祥这类的人，才可以谈得上正气，所以这也可以说是"难言也"的原因之一。

孟子养气的心法

孟子所说的气，并不是物质世界的气，不是空气的气，即使勉强以空气的气来研究，则要借用佛家的理论做解释了。

佛家对于空气不叫气，叫做风，是四大即地、水、火、风之一。佛家在《楞严经》中提到风大和本体关系为"风性无体，动静不常"，又说："性风真空，性空真风，清净本然，周遍法界。"这和孟子说的"则塞于天地之间"，简直看不出有什么两样。孟子所说的也就是由形而下的气，归到形而上的本体，一方面是动态的，一方面是静态的。静态方面，和心念合而为一，心静到极点，气也充满到极点。所以打坐做功夫，可以祛病延年，心念空一分,气就多充满一分,心念全空,气则充满了,这就是"浩然之气"。在动态方面,这"浩然之气"是至大至刚的,发挥作用出来,就是配合不动心的大勇、大智、大仁。对于仁、义、礼、智、信的真理,认清和确定之后,绝不动摇,甚至牺牲生命,也绝不改变。假使像方回诗中的"如何感事气犹炎",碰到事,气就动了,那就一点也不到家了。

孟子下面讲养气的一段,做修养功夫的人,要特别注意。孟子这一段话,讲得非常好。

"必有事焉而勿正,心勿忘,勿助长也。无若宋人然。宋人有闵其苗之不长而揠之者,芒芒然归,谓其人曰:'今日病矣!予助苗长矣!'其子趋而往视之,苗则槁矣。天下之不助苗长者寡矣。以为无益而舍之者,不耘苗者也。助之长者,揠苗者也。非徒无益,而又害之。"

这里是孟子讲养气的方法,是解释前面所说的"直养"。怎样直养呢?

我们注意他的第一句话"必有事焉",就是心里要有个东西,心中要有所守。如佛家的净土宗,念念在佛,随时随地,念中都要有一个佛,这就是"必有事焉"。禅宗的参禅打坐,行、住、坐、卧打成一片,就是"必有事焉"。修心、气这两方面的功夫,要如禅宗大师大慧杲所说的,心里有如欠了别人好几百万元,明天不还就要坐牢,心里急得不能入睡,也许你还正在请客,当面有人敬你一杯酒,这杯酒你也喝了,可是你心里所想所念的,还是那几百万的债务怎么办!也好比得相思病的人,每一分每一秒都忘不了情人一样。

我们平常要做到宁静是很难的，我们做修养功夫，很难达到定、静。我们看曾子所著的《大学》所说的"知止而后有定"，知道了"止"的方法，才能够定。"定而后能静，静而后能安，安而后能虑，虑而后能得。"《大学》说到这里，下面就没有了，又换个话题讲别的了。那么"得"个什么呢？得"明德"，就是"大学之道，在明明德"。

"明明德"就好比顿悟。"在亲民，在止于至善"，顿悟以后起用，接着"知止而后有定，定而后能静，静而后能安，安而后能虑，虑而后能得"，这就是讲渐修，由渐修而得了"明德"，顿悟了。我们如果拿禅宗来比喻的话，就是这个样子。

由"止"到"定"这步功夫很难，所以孟子告诉我们要"必有事焉"。我们懂了孟子这句话的奥义，就可以进一步发现：各宗各派修养的方法，譬如念佛、持咒、修气、看光、观想、祈祷等各种法门，实际上都是因为此心不能定，只好想个法子把它拴住，就各人的喜好习惯，各自找个东西把自己给拴起来。所以《大学》上说要"知止"，先求"止"，止于一念，止于一个东西。这个原理也就是"必有事焉"，不然心就静不下来。当然也有高明的人，不用求上帝，不用求菩萨，也不念佛，也不念咒子，不必观想，马上能静下来。或者有人说他坐起来很空，但要注意，这并不是真空，只能说是保持一个空灵的境界。但是有个"空"，就是"有"了嘛！有个什么？有个空。这仍然是"必有事焉"。

假定我们只走儒家路线，只跟孔孟学，不涂上后世的宗教色彩，也不加上神秘的气氛，那么此心要如何修养呢？此心要"必有事焉"。怎么个"必有事焉"？我们想要心静下来、气定下来，就是把这一件事,始终挂在心上,不要忘了这件事。

可是"必有事焉",还要注意不要去扶正,"勿正",不要自己去从旁加工。有些人打坐时,一坐下去,心里就想,我打坐了,不要吵!就好像一支竖立的杆子,本来是正的,这一"不要吵"的念头一加力,反而歪了。可是,你也不能说完全不理他,如果不理他,就倒下去了。所以孟子的第三个要领是"心勿忘"。一边"勿正",一边又要"勿忘",就好比佛家《心经》上的两句话"不增""不减"。第四个要领则是"勿助长也",因为你的心志已经在静,在定,在养气、在养心了,已经有事,不需要另外更加一事。如果另外再想办法去帮助它,反而有害。孟子对于"勿助长也"这个要领,还特别讲了一个故事来做具体说明。

他说,宋国有个种田的农夫,在插秧以后,天天到田里去观察,总觉得秧苗长得太慢了。好像我们带小孩,每天看着他,往往感觉不出孩子一天天长大。这个农夫希望自己的秧苗,能够很快地长高,便在夜里偷偷地跑到田里,把秧苗一棵棵拔高,忙了一夜,累得昏头昏脑地回家,告诉家里人说今天累坏了,因为在田里忙了一夜,帮忙秧苗长高了一些。他的儿子听了,赶快到田里去看,结果秧苗因为被弄得根基不稳,都已经枯萎了。

孟子对这个故事做结论说:天下做修养功夫的人,不这样"揠苗助长"的,没有几个人;也可以说,人人都在那里揠苗助长。

相反的,有人听了养气是这样养法,以为根本不要做功夫了。不做功夫,就和那些认为修养功夫无益,而弃置不理的那种人,有一样的后果。以种田为例,就好比是插了秧以后,不去芟除旁边的杂草。而芟除杂草就像佛家做功夫一样,只能有正念,不能让别的烦恼妄念长起来。

于是对于养气的这段功夫，归纳起来，孟子还是坚守前面那个原则："直养而无害"。

蓬生麻中　不扶自直

到底怎么直养，我们用禅宗一个故事来做个比拟。

据说五台山下有一个老太婆，是一位居士，她已经悟了道。当时，有些去五台山的禅宗和尚，向这位老太婆问去五台山的路径，她老是说："蓦直去！"现代语就是一直地去！或笔直走！而且只答这一句，其他的话就不讲了。于是有人把这个老太婆的这句话，告诉了大禅师赵州和尚，说这个老太婆好像是悟了道。赵州和尚不大相信，自己去了，见到老太婆问：去五台山怎么走？老太婆仍然是"蓦直去"三个字。这下子赵州和尚便认为这老太婆真的悟了道。"台山路，蓦直去"成了有名的禅宗公案之一。这个道理，就是孟子的"直养而无害"的大原则。这一段话，不只是养气，而且还是养生的方法。

再其次，所有做功夫，不论对心性法门，或是炼气法门，孟子这个"养"字，用得实在太妙了，好到极点。"养"字很自然，就如养小孩那样养，饿了喂奶，小便了换尿布，就是如此养，孩子自然会长大。三天打鱼、两天晒网是不成的。如果照道家的说法，断绝了外缘来专修，什么事情都不管，也需要十三年。他们有一套计算标准："百日筑基"，要一百天打基础。"十月怀胎"，初步得止要经过十个月，在这十个月中，如孕妇一样，不能乱动乱吃，一切都要小心。然后进入"三年哺乳"的阶段，这就是养。最后还要"九年面壁",加起来一共是十三年又四十天。如能真的成功,当然是好,但是谈何容易!别说十三年的时间,就是"百日筑基"这三个多月的时间,就很难持续到底。

说到这里,我想起了几个朋友的故事。

有一位老朋友,脾气很暴躁,来台湾以后,我问他脾气好些没有,他说脾气更大了,问我有没有办法。我说有一个办法很简单,你做到的话,包你有用处。当你要发脾气的时候,你赶快做个气功,把嘴巴一张先吐一口气,再用鼻子吸口气,咽下去,再说要不要发脾气。他照做了,过了一个多月来看我,他说:"嘿!你的话真有效。当我要发脾气的时候,我把嘴一张,把气一咽,就没气了。"这是个好办法,当你要发脾气时,你告诉自己停一秒钟,忍一下,忍不住的,你干脆做个气功,嘴一张,呼一口气。那真有气耶!人生气时,硬是有一口气,不是假的。

人一生气,气机就变了,经脉也乱了。我常看年轻人爬楼梯,不过几层,上楼以后,就坐那里气喘吁吁的,他因为不懂张嘴吐气这个窍门。爬高时不要闭嘴,嘴巴要微微张开哈气,才不会累。这个秘诀,是当年学武艺时老师传的。爬山时,我们跟不上,在后面拼命跑,看见老师在前面健步如飞的轻功,我们怎么跑也跟不上。老师回过头来说:"张嘴!"嘿!一张嘴果然轻松了。当然,这与真正的养气还没有太大的关系。

养气功夫真做好的话,自然没有妄想,真的会得定,真的会不动心。所以佛家的修持方法中有"调息"的方法,尤其身体衰弱,或者老年人,的确必须注重养气。会养气的话,祛病延年,绝对不成问题;要想腰腿灵便一点,头脑清明一点,养气的确是个好路子。至于养到"浩然之气",那就要心气合一了,涉及更深一层的道理。孟子在此只告诉我们要"持其志,无暴其气",倒不是他不肯传我们,因为古人智慧高,"知言",只要有一个原则,一句话就懂了。对于现在人,无论怎么说,他都不懂。教的人说得清清楚楚的,学的人一边照着做还一边问:这样对不对啊?对自己一点信心都没有,这就是"志"不够,没有信心。碰到这种人,我有时候真想学唐朝的赵州和尚说:"喝茶去。"喝茶去还太客气了,应该是"吃冰去",实在是要去冰一冰,已经尽心这么说了,硬是懂不进去,简直是热昏了头嘛!所以我们要对"持其志,无暴其气",多体会、多研究,自然会有心得。

闲话养气

孟子所提出的这个养气,的确有道理,同时也很简单,只看你肯不肯做。有一次,当代的名画家某先生来看我。他每次到台北,都很礼貌地拜访,这是他做人处世的美德,我对他非常敬佩。某先生自幼信佛,吃长斋,一辈子没结婚,现在几十岁了,还是一个人。规规矩矩,写起信来也是一笔不苟,那些信真可以裱起来,一字一字地欣赏。这一次见面我就问他:"听说你要出国去啊?"他说:"是啊!人家两次要我出去,可是都去不成。"我说:"怎么去不成呢?"他说:"病啦,中风啊。"我说:"咦!中风?中风怎么好得这么快?"他说:"四月间有一天朋友到我家,我坐在客厅里陪客人吃西瓜,吃下去以后啊,就感觉脖子下面这个地方不对,就坐在沙发上不动,静一静。过一下子,一个东西,好像一股气,一麻,就到了舌头,于是半边脸就麻了,不能讲话了。但是手还能动。"他因为没有成家,单身一人,所以平常有位朋友同他住在一起照应他。当时这位朋友一看，马上要去请医生，可是这位先生对他摇摇手，因为来不及了。好在他一辈子搞修养，吃长斋，念佛，所以他说："我那个时候，心里非常平静，既无忧悲，也无恐惧，冤亲平等，清清爽爽，准备就这么走了，心里了无牵挂，反正要走了嘛，心里什么都不管，所以特别宁静安详，一切放下。这么一放下，喔！那个'麻'就往下消，过了一下子，又会说话了。这个时候看一下时间，事情前后经过大概有两三个钟头。"我说："对！就是这个样子。"这位先生感慨地说："唉！这个时候可真是平常修养的一个考验。"

我说："真的啊！老兄，我还有一个朋友年纪比你大，也是学佛打坐多年，有一天忽然难过得浑身出冷汗，觉得忍不住，要去厕所，往马桶上一坐，屙了半马桶的血，紧接着又要吐，又吐了半痰盂的血。他也是想，好了！这下子要走了。平常学佛做功夫的，这可是个考验啊！看看自己在生死之间是不是有点领悟。这个时候他一点都不害怕，内心非常安详、坦然，就坐在马桶上，腿也没盘地做起功夫来了。他心这么一静定下来，什么都不想，结果就不吐了，也不屙了，当时就这么停止了胃出血。"这两个病例都是事实。

我说了这件事，就对某先生说："老兄啊！你不要再跑了，年纪这么一大把，头发也都白了，该放下来，好好专修吧。"他说："我哪里想跑啊！各方面拉着我去讲课，我把聘书退回去，可是人家硬是又塞回来。"我说："你一辈子就害在一个'情'字上，切不断。"他说："对啊！对啊！我平生最佩服弘一大师了，弘一大师他有把慧剑，可以慧剑斩情丝；我就没有这把慧剑。"我说："你错了！你也有一把慧剑，你一辈子只背着那一把剑。"

他说:"哈!对!对!"我说:"弘一大师有个功夫,他拔剑而起。你老兄呢,拿着剑,就是不忍拉出鞘来。"他说:"就是嘛!"我说:"你啊!号称在家僧,我劝你,干脆做个全僧,也不必剃头当和尚,只要心出家就好了嘛,修行主要就是修心。"

说到修心养性,"心""气"是一体两面的啊!常常有年轻同学,要学这一套,可是年轻人学了这一套没有用,因为道理没有学通,结果都学得楞眉楞眼的,一天到晚坐在那里两眼发直,这不是变成废人了吗?这怎么叫学道呢?!"浩然之气"修炼成了,是充塞于天地之间!而他却变成充塞于楞眉楞眼之间。修心养性的道理真正明白了,是天机活泼泼的,永远是生机蓬勃的。真正懂得了"浩然之气"的道理,生命永远年轻,尽管外表的形态会老,肉体的生命会死,但是此心、此气,永远青春祥和,无忧无虑。

这次,我和某先生谈了半天,从他的病情谈到修养问题,我问他:"你现在每天静坐念佛几次啊?"他说:"每天早上一次。"我说:"不够!不够!每天起码要静坐三次。你现在可以把剑拔出来,不要拔了一下又套回去,管他什么人情;过不去是那么回事,过得去,也是那么回事。"专志修养是最重要的,也是人生最现实的问题。

我拉拉杂杂地说了这么多,提出这两件事实,就是说明养气对身体健康是绝对有利的。那么大家一定问我:怎么养气呢?其实很简单,用不着学那些稀奇古怪的气功,只要保持内心平静,不拘在什么地方,不论是在办公室,或者是在马路上,走路走疲劳了,停下来,做两下养气功夫,精神就来了。怎么做这养气功夫呢?不要用鼻子吸气做气功,马路上灰尘大,空气脏,所以我们在都市,千万不要用鼻子呼吸做气功,只要心境宁静,不必用耳朵去听,只要感觉到呼吸的往来就好了。我们本来就有呼吸,不必再用意去练习,或者对呼吸加以控制管理,只要感觉到我们原有的呼吸状况就好。如果感觉到什么地方不顺,有阻碍的话,只要思想继续宁静下来,静上一段时间,自然就调和顺畅了。这是最好的方法,不要再特地做什么功夫。

要说做功夫嘛,初步的办法很简单,你早晨起来深吸一口气,试试两个鼻子通不通气,如果左鼻子不通,就表示身体有问题,尤其是中年朋友们更要当心。如果右鼻子不通的话,身子虽然有问题,不过不要紧。如果感冒,两个鼻子都不通,当然问题就更大了。这里要注意!两个鼻子的学问可大了!嘿!这也是鼻科吧!(众笑。)再说早晨左鼻子容易通,中午以后呢,右鼻子容易通。所以,从前我们在大陆当军人的时候,没有钟表,不知道几点钟,有些老兵,或者乡下的老百姓,都懂。如果问:"现在什么时候了?"他们会把鼻子抽一抽,好像闻什么东西似的,然后说:"恐怕中午过了。"嘿!他们这鼻子对时间的敏感好像比猫的眼睛还灵。

怎么鼻子会闻得出时间?后来晓得这个鼻子,在一天十二个时辰中,通气的情况各有时间上的不同,所以我们呼吸起来,感受也不同。譬如古代点穴功夫,认为每个时辰,我们身上穴道的作用都不同。如果和人家打起架来,一边打架,一边就体会一下呼吸,马上就知道大概是什么时辰,应该点哪个穴道。鼻子就有这么大的学问!

现在讲一个瑜伽术,你们最好能练单鼻呼吸,尤其是坐办公桌用脑筋的朋友,很伤神的,中午以前最好常练习用左鼻子呼吸，没事的时候你就用手很自然地托住右边面颊，拿食指不着痕迹地堵住右鼻孔，这样子同事们根本不会知道你在搞什么气功。过了中午，反过来多用右鼻子呼吸。我这里只是教你们多用，可不是教你们一直用啊！要不然你们干脆拿棉花球把鼻子一堵，不是更省事吗？这个方法你们不妨试一试，包你们身体健康。这是一般道家、密宗们自认是不传之秘的初步方法。尽管有些人反对这样说出来，但我认为是对人类健康有利的事，用不着守密，应该公开。而且我素来认为既然是可以助人之道，就是天下的公道，不是属于哪个私有的，也不是属于哪一门、哪一派的。道既然是天下的公道，为什么分这个宗、那个教，这个我的、那个你的？这还叫什么宗教！而且鼻子是人家自己的，你又不能传给人家一个鼻子，你不过告诉人家一个经验罢了，可是许多人真把这些当秘诀了。

你们不要因为我这么轻松地告诉了你，你就不稀奇、不好好去体会。如果能经常这么注意呼吸的话，脾气会变好，心情也会开朗。而且慢慢你能体会得出，身体什么地方不舒服，什么地方难过，什么地方发胀、发酸，什么地方发麻发痒，很容易就能发现自己身上的问题了。这时候一方面找医生，再一方面，最好的办法是用鼻子做气功，慢慢把鼻子弄通。注意啊！这可不是孟子的养气，这只是普通的气功，如果说孟子养浩然之气就是这么养法，那真是冤枉了孟子，也冤枉了我。

还有一点要再提起大家注意的，就是养心养气不一定要盘腿，像大家现在这么坐着就可以。如果说盘腿才有道的话，那就叫"有腿"，不叫"有道"了。这个道理我们要搞清楚。还有，坐的时候，背脊骨不要靠在椅背上，我们身体背部，和椅子中间最好空一点距离，不要靠紧。

养气的功夫，大概就如上面我们所说，当然这些不够详细，不够具体，因为我们现在主题是在研究孟子的学理，下面还有要点要讨论。总而言之，我们要注意，养气就是养心。所以儒、释、道三大家归纳起来，儒家标榜"存心养性"，佛家主张"明心见性"，道家提倡"修心炼性"。都是"心"啊、"性"啊！在"心""性"两个字上面换来换去，虽然表达方法不同，实际上目的是一个，都是养心的功夫。

总之，要怎么样去修？只有"养"，这是急不来的事，急进不行，用功太多也不行，否则就会成为揠苗助长的结果。无论儒家、佛家、道家，入世、出世，心性之学也好，气脉之学也好，都是如此。

即使是个人的学问、事业，也是如此，都需要慢慢地培养，那是急不来的。

言语相法

"何谓知言？"曰："诐辞知其所蔽，淫辞知其所陷，邪辞知其所离，遁辞知其所穷。生于其心，害于其政；发于其政，害于其事。圣人复起，必从吾言矣。"

这里又谈到"知言"了。我们不要忘记，这还是孟子与公孙丑之间的对话，一直发展下来的自语自解，引发出来许多问题。而这些问题，实际上是整个问题的一部分，不可分割。如果把一小段，当成一个独立的意思去看，那就支离破碎，无从了解孟子的整个精神及其思想体系了。

中国人有句老话，表示对一个人认识得很清楚、了解得很深刻时，往往说："我把他从小看到大的。"这句俗话听起来并没有什么惊人之处，字面上看，也很平淡，却包含相当深的哲理。

大家都该看过《红楼梦》，其中有一段描写贾宝玉周岁时，依照古老传统的风俗举行抓周。在周岁幼儿的面前，放置许多东西，如纸、墨、笔、砚、算盘、剪刀、尺、绳墨、印章、布、胭脂、花粉等等，看他伸手去抓什么东西，就可以预测这个孩子将来会朝什么方向发展。据说这种测验还相当灵验云云。而贾宝玉当时见到面前这许多东西，一伸手就抓起了胭脂花粉，有人在旁边抢了下来，他还是抓胭脂花粉。后来这位公子哥儿，果然在胭脂丛中度过他的青春。

这个故事也就是"从小看到大"的一种说明；幼儿时期的许多习气，就是长大后的生活剪影，这也就是现代人所讲"性向"的问题。

不但小孩这样，大人也是如此。诸葛亮在高卧隆中的时候，他就自比管、乐，认为自己的能力才学，可以成就的事功，当不下于管仲和乐毅。而孟子，当公孙丑以管仲、晏婴来比拟他时，则不大同意；孟子引以自比的，是他平生最敬仰的孔子。

古人说："取法乎上，仅得乎中。"一个人所效法的是最崇高伟大的圣人，虽然自己不一定成圣，等而次之，也许可以做个贤人。比如有人想成佛，成不了佛时，成一个罗汉也不错。这是勉励一个人敦品立志，必要取法乎上。所以《孟子》这一段，对于青年人的立志颇有启发，立志就要立大志，做大事。可惜现在的青年们，大多数只希望找个好工作，那就只有做帮手的份了。读书人立志作圣贤,如果成不了圣贤,当个教书育人的也行。因为想到公孙丑以管晏比孟子,而孟子大不以为然,所以补充一点感想。

这里公孙丑又问孟子:什么叫做知言?这句话中的"言"字,首先是孟子引用告子的话"不得于言,勿求于心"提出来的。孟子前面曾说,告子这种修养学问态度,他并不同意,然后才谈到"志"与"气"的修养。于是公孙丑问孟子,这两项中哪一项你比较专长?孟子告诉他:"我知言,我善养吾浩然之气。"孟子对于浩然之气在前面有很多阐述,而对于"我知言"这句话,还没有做过详细的解释。所以公孙丑现在抓住了一个插嘴的机会,对孟子提出了这个问题。

"知言",如果照字面上解释,是知道说话,但如这样依文解义就错了。这里的言就是理,知言就是懂得道理。而知言也可以把"知"字解释成"智"字,"知言"就是"智言",对于语言的智能。我们中国有句谚语:"欲知心腹事,但听口中言。"

所以孟子又就公孙丑提的这个问题,对公孙丑说:听一个人说话,就可以知道他的思想如何。一般人说话,总不外几种情形,孔子在《周易·系辞下》也曾提及过:"将叛者其辞惭。中心疑者其辞枝。吉人之辞寡。躁人之辞多。诬善之人其辞游。失其守者其辞屈。"孔子的这几句话,我就不再加解释了,大家自己深加研究,现在只说孟子的话。

孟子这里说:凡是说话有所偏颇的人,他一定有所掩盖,有不清楚之处,所以一听到这偏一边的话,就知道说话的人思想被蒙蔽了,是被利禄之类的欲望,或别的什么问题蒙蔽,脑子不明智了。这就是"诐辞知其所蔽"。换言之,思想有了偏见或成见,他说的话也就有所偏向了。

至于"淫辞知其所陷",所谓淫,就是过分、啰嗦、多余,有些人说话啰嗦,说得过分或太多,就知道这些人有所陷——心理不健全。头脑健全的人说话都很清楚、简洁。比如说,过分夸张的形容,也是"淫辞"的表现。

"邪辞知其所离",许多人说话不依正理,可是他也有他的一番歪理。世界上歪理千条,正理只有一条。说这种歪理的人,思想就离了谱。同时,这一"离"字也可以说是离间之离,凡是从事挑拨离间者,必有一番歪理。

"遁辞知其所穷",所谓"遁辞"就是逃避之辞。譬如问某人某事办好没有,他不说办了或没有办,只说这事如何如何,这就是他忘了办这件事,他所说的一大堆如何如何,都无非是遁辞而已。说遁辞的,就知道他已无他话可说,理也穷了。大家都有这个情形,自己没有理由,无话可说了,找个话来说,作为逃避,所谓"顾左右而言他"。因为不肯承认自己的错误,认错是需要勇气的,没有这个勇气,所以下意识地找个遁辞来敷衍。

人们说话方面的问题,孟子大致归纳成这四种类型。有人只有一种,有人四种都有,孟子这里所概括的,差不多把所有说话的毛病都包括进去了。

这也是属于相法,看相的方法,言语、心态,在鉴人之学上,都属于内五行,不是用眼睛看得出来的,但是关系非常重大。当年革命时期,有些革命前辈属于领袖型的人物,当他一开口讲话时,就是领导人的那种气度,条理清楚,干净利落,他一句"就是这样",语气一出,听话的人好像魂都没有了,就跟他走。尤其是孙中山先生,原来反对他的人,一听了他演讲,就转变为信仰他、拥护他。

许多人喜欢辩，辩到最后理穷时，遁辞就来了。其他几种说话态度也是如此，只要听他的话，就可以知道他的思想以及行为如何。所以孟子说："生于其心，害于其政；发于其政，害于其事。"从表面的言语，可以推知他的思想理路。有的人说话很清楚，文章写得很糟；有的人文章写得很好，可是说起话来，鸡零狗碎。孟子说由这四种言语型态，可推想到思想理路，而言语思想，又都是由心所生、唯心所造。归结下来，心与言，就是心理与言语，关联非常密切。言语是思想所表达出来的形态之一，行为也是思想所表达出来的形态之一。思想是未经表达出来的言语行为，心里的思想一动，见之于行为，也可以施之于政治。如果思想是不对的、错误的，对于政治上的作为就有害了。这一有害的思想行为，透过政治而发挥出来，问题就大了。所以一部法律的确立、一个政策上的措施，如果在事前不想清楚，不做周密慎重的深思熟虑，只顾解决目前的问题，而不考虑长远的后果，那是终究要出问题的。所以历代政治制度随时要改革，就是因为当初欠缺考虑，发现缺陷时必须再求改革。由此可知思想和言语的重要，也就了解了"知言"的重要。所以孟子最后加重语气说，假使文王、周公、孔子这些圣人们今天能够复活，对于我这一段话，也一定会肯定的。

孟子说到这里，等于对前面谈话所引发出来的许多问题，做了一个小结论。不管是修养不动心的养心，或者是培养自己的大勇、大智，乃至养气，都要先从理上着手。理路如果不通，做起来就不会有好结果，不会有成就。大家今天听我讲《孟子》也是一样，在事先事后，都要拿原书来看一看，再想一想，不要听了半天,回过来问你们一个问题,都答不上来。刚才我问了几个人看书没有,还好上面的"诐辞、淫辞、邪辞、遁辞"四种毛病,都没有出现。但是有一点,回答还不够直率,因为问到你们时,咧嘴笑一笑,什么都没有说,这就表示没有看书。假如是真诚爽直的,就拿出能担当错误的勇气来,拿出负责任的勇气来,说:"我没有看书。"没有看就是没有看,用不着躲躲闪闪,那就不好了。

学行典型的讨论

"宰我、子贡,善为说辞。冉牛、闵子、颜渊,善言德行。孔子兼之,曰:'我于辞命,则不能也。'然则夫子既圣矣乎?"曰:"恶!是何言也!昔者子贡问于孔子曰:'夫子圣矣乎?'孔子曰:'圣,则吾不能。我学不厌,而教不倦也。'子贡曰:'学不厌,智也;教不倦,仁也。仁且智,夫子既圣矣。'夫圣,孔子不居。是何言也!"

孟子是最佩服孔子的,对于孔门弟子他也都相当敬重。他答复公孙丑提出何谓知言的问题,同时又举了四种不同的言语形态为例,指出言语出于思想;不恰当的言语,是由不合理路的思想而来的,是"害于其政""害于其事"的。现在公孙丑就举出孔门弟子七十二贤人中的几个人来发问,他们都是孟子平素相当敬重的。公孙丑说:宰我、子贡,是最会说话的。这"会说话"的意思,也就是指他们两人的头脑清明,理路清楚。这是事实。我们常看到一些思想有条理的人,说起话来,层次分明,条理井然有序。有的人说话说了半天,不知道他的主题在哪里,再问他到底什么意思,他自己也搞不清楚。

公孙丑继续又举冉牛、闵子、颜渊三个人,认为他们最讲究德行的实践。孔子曾经认为冉牛可以南面而王,当国家的领袖;闵子则是孝道最好的榜样;颜渊能"不二过",又睿智好学,而得到孔子的赞赏。但是他们虽有好的道德行为,却不能用言语文字表达出来,也算是遗憾的事。反之,虽然言语、文字的表达能力好,但是德行不够,也是美中不足。

只有孔子对这些长处兼而有之,他都具备了。用现代语来说,是提笔能写,放手能做。所谓做,并不是硬做乱做,而是才、德、学三样兼备。但是孔子却还自谦地说,"**我于辞命,则不能也**",对于说话、写文章,还是不行,并不到家。刚才孟老夫子说已经知言,那么,他是否已经达到圣人的境界了呢?

圣人不自是

孟子听了公孙丑这一句问话,首先以斥责的语气来了一声"恶",好像我们现在的口语:"看你这个人,说的什么话。"从前,子贡曾经有一次对孔子说:老师!你就是当代圣人了。孔子当时就告诉子贡说,对于圣人的境界,我是不敢自居的,不过我这一辈子不断地学习,不断地求进步,永远没有满足的时候。而对于教化的工作,我则永远不感到疲劳,永远不会灰心,如此而已!

孔子这两件事,老实说我们做不到。"**学不厌**"也许有一点相似之处;至于"**教不倦**",我们做不到,老早就教倦了,一教人,气就来了。如果要做圣人,像孔子一样,教人的时候,就不可以一教就火气上来,所谓"有教无类",聪明的人固然要教他,笨人也一样要教他的。

子贡听了孔子自己说只是"学不厌""教不倦",就接下去对孔子说:"学不厌"就是大智啊!"教不倦"就是大仁啊!现在老师你又仁慈,又有大智,这正是我们做不到的事,所以老师你,当然是当代的圣人了。注意!这段话《论语》上也有记载。

孟子接着对公孙丑说,你听听孔子与子贡这一次的谈话,孔子是真正的圣人,尚且不以圣人自居,你怎么可以说我是圣人呢?

"昔者窃闻之:子夏、子游、子张,皆有圣人之一体;冉牛、闵子、颜渊,则具体而微。敢问所安?"

曰:"姑舍是。"

接着公孙丑又说,我曾经私下听说,子夏、子游、子张他们三个人,各人都学到孔子一部分的长处。至于冉牛、闵子、颜渊,"则具体而微",学到圣人所有的长处,不过比孔子浅薄得多,火候功夫都未到家。

冉牛等三人偏重德性,子夏等三人则偏重于文学。古代的所谓文学,主要是指传述学术思想而言。可不要把古代的"文学"两字,用现代文学的含义来理解,那就错了,因为他们三人偏重于传述孔子的学术思想。在孔子去世以后,他们继承孔子的学术,到处讲学。像子夏的学生中,就包括了梁惠王的祖父,也就是开创魏国的魏文侯,可见子夏在河西讲学,名气相当大。

而冉牛等三人的重德性，也不像现代的观念，说这三个学生不跳舞，不打牌，不打架；假如这样，那不是德性好的要旨，而只是守规矩而已。对于这样的学生，虽然会给他很高的操行分数，而心里也许会认为他太拙了，将来也不一定会成大器。

真正的德性，是很高的涵养。像冉牛，孔子认为在自己的学生当中，只有他足以担当大事；闵子是孝行第一；颜渊是道德第一，都是无可批评的。就好比释迦牟尼佛的十大弟子中，舍利弗智慧第一，目犍连神通第一，富楼那说法第一，须菩提解空第一，迦旃延论议第一，大迦叶头陀第一，阿那律天眼第一，优波离持戒第一，阿难多闻第一，罗睺罗密行第一，等等。所以说，冉牛政治第一，闵子孝顺第一，颜渊德行第一，这三个人"**具体而微**"，大体像孔子，不过分量没有那么重。假如德性也可以衡量，那么假若孔子的德性有一吨，他们没那么多，也许只有几百斤或几十斤。

说到这里的时候，公孙丑以一个调皮学生的姿态，以嬉皮笑脸的语气再问孟子："**敢问所安？**"上面这些人，老师你想学谁呢？是学子夏那样，还是学颜渊那一型呢？这一下，孟子也被他问住了，便说："**姑舍是。**"这个"**姑**"字，是暂且的意思，孟子只好说：暂且不谈这个问题吧！

不过我们读这章书，首先看出孟子不高兴把他和管仲、晏子相比，现在公孙丑又一再提出曾子等孔子的高材生来做比较，一路紧逼过来。这中间公孙丑似乎也看出孟子的一点心事来，便旁敲侧击地间接问话，故意提出"**然则夫子既圣矣乎**"的双关语。也等于说，那么孟老师你就是当代的圣人啰！可是孟子又立即说："**你这是什么话！**"同时举出孔子当年不以圣人自居的故事来，推辞公孙丑送来的这顶高帽子。好了，当年孔子在学生面前不以圣人自居而毕竟是圣人；而今孟子在学生面前，也不以圣人自居，同时又说出孔子不自居圣人的故事来。那么孟子自己内心究竟自比为谁呢？这是一个耐人寻味的问题。他口里不承认自己是圣人，又引用孔子不自居圣人的故事，让公孙丑自己去想好了。可是公孙丑也够调皮的，既然老师你不肯明白承认是圣人，那么就降你一级，问你孟老师究竟愿比孔子的哪一个学生吧！这一下，可真把孟子给顶住了。既然内心自认效法孔子，不止是冉牛他们那"具体而微"而已，但又不能自慢地说"我就是圣人"，于是只有说："我们暂且不谈这个问题，不去评论这些圣贤的高下吧。"这也可说是孟子的"遁辞"了。

可是公孙丑这个人，却又一步一步逼过去，硬是不肯罢休，于是他又来问了。

大哉孔子

曰："伯夷、伊尹何如？"

曰："不同道。非其君不事，非其民不使，治则进，乱则退，伯夷也。何事非君，何使非民，治亦进，乱亦进，伊尹也。可以仕则仕，可以止则止，可以久则久，可以速则速，孔子也。皆古圣人也，吾未能有行焉。乃所愿，则学孔子也。"

"伯夷、伊尹于孔子，若是班乎？"

曰："否！自有生民以来，未有孔子也。"

公孙丑又说,老师既然不愿谈冉牛他们这些人,那么像伯夷、伊尹这两个人怎么样?这两个人是不同的典型。伯夷薄帝王而不为,连国君都不愿当,而且看不起周武王的所为,所以不食周粟,宁可饿死在首阳山上,他是高士。至于伊尹,就怕没有机会出来做事,他只希望施展他平天下的抱负,所以背了一只锅,去给商汤做厨师,用他优良的烹饪术获得了商汤的欣赏。后来召见谈话以后,更欣赏他的才华,结果便请他当了宰相。所以历史上称掌握相权为调和鼎鼐的美辞,也就是由于伊尹这段历史典故演变而来的。

公孙丑好似用螳螂拳的拳法,一拳一拳连续钩出去,又举出这两种完全不同类型的人,带着探测的意味,想问出孟子的看法。

孟子师生间的这一段谈话,要特别注意,这个主题涉及人生观的确定问题:人生到底要做什么?现在许多人学这样、学那样,甚至学出世法,如学佛、学道、学打坐,学了老半天,人生观都还没有确定。问他将来要做什么样的人,他自己也不知道。一个人首先要确定自己的人生观,立定自己要以何等人物做目标,才有努力的方向和路线。最好是做世界上第一等人,估量自己做不了第一等人,即使做末等人,也要有一个目标。或者你说,想从事政治,想做外交官,或想当总经理,这些只是职业,并不是人生观。确定人生观是说做圣人或英雄,或豪杰,或富翁,或凡夫。在女性而言,则或为贤妻,为良母,或为女英雄、女圣人,这才是人生观。这一段谈话,就是以这个为主题的。

我们再看孟子答复公孙丑这个问题时说,这两个人的道不同,人生观的路线也不相同。伯夷这个人的观念是,不是他认为够水准的好老板,他不侍候的,即使请他,他也不干。他认为值得自己拥护的,值得自己去抬轿子的,他才去干。其次,对于不够理想的社会,不够理想的群众,他也不愿意去领导,不愿意去管事;必须是大时代的整个环境,处在一种安定的状态下,他才肯贡献自己的力量,施展自己的抱负。如果整个时代环境扰扰攘攘,官争于上,民乱于下,他就遗世独立,不看更不管。

至于伊尹则不同。他的观念是"何事非君",每一个人都可以做自己的老板,只要他肯干,就可以去帮助他,改变他。像后世汉高祖与张良君臣之间的情形一样,汉高祖那样粗鲁不文的脾气,当韩信要求汉高祖封他为假王的时候,汉高祖听了,立刻火冒三丈,开口就骂,粗话刚出口,张良偷偷踢了汉高祖一脚,汉高祖就懂了,粗话下面马上接着说:"要封就封真王,还封什么假王?照准!"因此无形中消弭了一次重大危机。汉高祖能被踢一下就改过口来说话,所以张良说:我对别人说话,他们都不懂,也听不进去;只有他,一点就透,此乃天授也,只好帮助他。因为除了刘邦以外,还没有第二人能够如此。汉高祖这样的老板虽然不够理想,但张良还是辅助他。所以伊尹说:"何事非君?"老板好不好没有什么关系,只看我们如何去帮助他、辅助他。

假使今天有伊尹这样的部下,不管在任何单位,当主管的可真舒服,这个部下把你的事当他自己的事办,什么都办得好好的,主管乐得清闲了。但是主管也需要真认识他、信任他才行。伊尹对于领导下面的干部也是一样,不问是什么样的群众,他都照带不误。善于带兵的人,就体会到这个道理,不管这个部队的素质如何,一个好的带兵官,对任何样子的部队,他都能带,而且能把部队带好,他自有他的办法。即使一群笨人,如果有好长官带领的话,他们照样会发挥出力量来。如果领导人差一点,那么他们还是一群笨人;如果领导人高明,笨人也会变成有用的人。伊尹就有这个本领,所以他说"何使非民",哪里有不能领导的群众呢?对于社会形态,上轨道的也干,不上轨道的也干,这是他处世的原则,等于佛家大乘道的精神。而伯夷则不过是佛家小乘的气象。

随后孟子又提出第三种典型来,就是有机缘可以施展抱负的时候,就出来担当大事;轮不到自己上去的时候,就潜修默化;可以久留就久留,必须速去就速去,不论环境如何都任运自在,这就是孔子。无可无不可,出世入世,都能坦然处之而胜任无怨,这就是佛家所谓的"圆通自在",也是孔子曾经对子贡说过的话。

有一次子贡问孔子:"老师,你看我到底怎么样?"孔子说:"瑚琏也。"你像是被妥善包装珍藏起来的贵重祭器——瑚琏那样,在国家有重大祭典的时候,才小心翼翼拿出来,郑重地放在供桌上。这东西虽然非常贵重,但是平常不大用得到,这就是瑚琏。孔子又说:"君子不器。"君子不是一样东西,如果成为一样东西,就定了型,限定了用途。所以君子不把自己固定为任何一种形态,任何时间、任何环境,只要自己认为值得做、应当做,就去做,孔子就是这样的一个人。

孟子说:这三种人都是古代的圣人,对这三种典型的圣人,我都还做不到。不过如果要学的话,我愿意学孔子,当然,管仲、晏子根本不必谈了;也不愿学伯夷,走出世的路子,但也不愿走伊尹那种"不择手段完成最高道德"的路子。

公孙丑又问孟子：伯夷、伊尹、孔子是三种不同的古圣人，可是，老师你怎么又把他们三人排在一起，好像是一个等级呢？

孟子立即说：不！不！伯夷、伊尹虽然也是古圣人，可是孔子这位圣人与众不同，"自有生民以来，未有孔子也"，自有人类以来，就没有人能够比得上孔子的。孟子这句话，把孔子推崇到极点。

讲到这里，我们暂时搁置一下原文，来讨论讨论。

孟子说自有人类以来，没有任何人像孔子那样崇高。因此可知孟子是孔子真正的知己，也是他真正的门人。历代的人捧孔子，都捧得不过瘾，只有孟子这句"自有生民以来，未有孔子也"，捧得最过瘾，也可以说是最诚恳的话。可是他不像宗教徒那样，认为他们的教主是非人的、超人的；儒家的教化是始终不离"人"本位，而且不去说些超越人本位的话，这是儒家的平实处。

至于历代对孔子的尊称，则推元代的为最高，孔子"大成至圣文宣王"的尊号，就是元代封的。可不要以为元朝是没有深厚文化基础的蒙古民族政权，在元朝九十年间，政治上有许多过人之处。尤其对于尊孔这件事，做得最好，从元成宗大德十一年七月制加孔子号曰"大成"，就可看出。

诏曰：

> 盖闻先孔子而圣者，非孔子无以明；后孔子而圣者，非孔子无以法。所谓祖述尧舜，宪章文武，仪范百王，师表万世者也。朕纂承丕绪，敬仰休风，循治古之良规，举追封之

盛典，加号大成至圣文宣王。遣使阙里，祀以太牢。于戏！父子之亲，君臣之义，永惟圣教之遵。天地之大，日月之明，奚罄名言之妙。尚资神化，祚我皇元。

这是千古名文，虽然起草人还是汉人，但仍应归功于元朝。历代对孔子的颂赞，都没有这么好的。"先孔子而圣者，非孔子无以明；后孔子而圣者，非孔子无以法"，这两句加到孔子身上，正是推崇极致而又恰到好处。而且妙的是，如果照抄到任何地方的文化，任何地方的宗教，都可以引用。如西方文化谈宗教，便可说：先耶稣而圣者，非耶稣无以明；后耶稣而圣者，非耶稣无以法。在东方文化中如佛家，也可以说：先释迦而圣者，非释迦无以明；后释迦而圣者，非释迦无以法。我们看所有佛经，都是"佛说，佛说"的；后世儒家著书，也无不是"子曰，子曰"的，不说"子曰"就不行。我们如果早生一千多年，甚至只要早生五百年，除非引用孔子的思想和语言，否则写文章时则"无以明"。

当然，有的人写文章捧孔子，也未免捧得不得体。像后来有一位道学家常说："天不生仲尼，万古如长夜。"如果孔子不出生的话，那我们永远都在黑暗中。他这个话，似乎把孔子以前的历史文化，都一笔抹杀了。当时就有一位名叫刘谐的翰林，讽刺这位道学家说："怪得羲皇以上圣人，尽日燃纸烛而行也。"怪不得伏羲以上的那些圣人们，整天都要点亮蜡烛来走路。这也挖苦得够缺德了，所以有人评论刘谐这个人，天生就很刻薄。固然这位道学家捧孔子的话过火了，没有孟子说得那么恰当，可是刘谐的讽刺则未免失之敦厚。

刘谐个性刻薄，可是口才非常好，他和哥哥分家的时候，坚持要求他的父亲刘巨塘把一个能干的男佣人分配给他,可是他父亲已经把这个男佣人分配给他哥哥了。于是,他父亲开导他说,兄弟就如同左右手一样,把这个男佣人分配给你哥哥和分配给你,有什么不一样,何必争呢?后来有一天,他去探他父亲的病,他父亲伸出右手来,要他搔搔痒,他却故意在他父亲的左手上大搔其痒。他父亲说,你搔错了,我是右手痒,不是左手痒。他说:你不是说过,左右手是一样,没有分别的吗?他对父亲尚且要报复,刻薄的程度就可想而知了。

唐明皇与孔子

至于历代赞叹孔子的诗,也非常之多。在我个人认为,其中最好的一首,还是唐明皇《经鲁祭孔子而叹之》的一首五律——

夫子何为者　栖栖一代中
地犹鄹氏邑　宅即鲁王宫
叹凤嗟身否　伤麟怨道穷
今看两楹奠　当与梦时同

这是唐代诗中,最正派规矩的诗。诗就是文章,不同的只是变成可以歌唱出来的韵文。中间抑扬顿挫的平仄安排,就是要求歌唱时有音韵美感。如果平仄的安排不合规矩,就不能用。其次的要求,在这短短几句美妙的辞藻中,还要蕴涵着深远的含义,以发人深省而堪回味为主。其中要有思想,要有感情,要有意境等,而成为一件完美的文学艺术作品。

唐明皇这首诗,第一句"夫子何为者",一开始就很巧妙地提出问题。孔子是古今一致称颂的圣人,又称素王,他是大家的老师,人们都称他为夫子。可是这位大家的老师,他的一生究竟是为了什么?第二句"栖栖一代中",叙述他一生的情况,也是上句的答案。"栖栖"两个字引用了《论语》的掌故,在《宪问》篇中,一位隐士微生亩曾经问孔子:"丘,何为是栖栖者与?无乃为佞乎。"孔子告诉他:"非敢为佞也,疾固也。"意思是我不是到处逞口舌吹牛,只是看见世人的固执不通而以为病,所以想说服大家明白事理而已。

还有一次,孔子到郑国时,和弟子们走散了,子贡到处找人问,后来一个郑国人就对子贡说,东门有个栖栖遑遑、如丧家之犬的老头子,这郑国人所指的就是孔子。所以"栖栖"就是忙忙碌碌,也就是形容孔子救世心肠之迫切,忧心忡忡,不可终日。

经此一解释,就可知道要多读书。这一句诗很简单,只有五个字,可是它包括了有关孔子的这些故事,涵盖了那么多的意义。在那个时代里,孔子一心一意地要救世救人,那种忙忙碌碌的样子,却被人误会是为了逞口舌之利、求嗷饭之地,甚至被人看成没人收养的野狗,这是多么可怜!但是在这种情形之下,孔子丝毫不改变他淑世的初衷,这又是多么伟大!其中的意义和感情、赞叹,都在这寥寥五个字中表达出来了,而且说得温柔敦厚。

第三句"地犹鄹氏邑",孔子是出生在鄹地,唐明皇是经过鄹地去祭孔子,这是写眼前的即景,看到当场的景物,而兴起怀念,崇敬一千多年前这位圣人的"思古之幽情",表现了一种相当深厚的情怀。

"宅即鲁王宫",孔子的老家到了汉朝的时候,有一个被封为鲁恭王的汉高祖的后代,这个家伙准备把孔子原来的老房子拆掉,盖他的王宫。在开始要拆房子的时候,他走到里面去视察一番,忽然之间,听到弦歌之声,宛如孔子还带着那些弟子们在里面读书、弹琴、吟咏。他这下子害怕了,圣人就是圣人,自然就有那股威力和神力。以宗教来说,那是有神灵在保护的,所以他赶快下令停工,不敢再霸占圣人的遗产了。可是,在他已经拆了的一段墙壁里面,发现了古文的经书。据说,这是秦始皇焚书以后,再度发掘出来藏在孔府壁中的第一手经文。不过,后人也有怀疑那是伪造的。

这两句诗只有十个字,但所流露出来的情感,真是感慨万千。唐明皇这首诗,是离开了皇帝的本位,完全以诗人的身份写出来的,写得非常好,也非常感人。像孔子那么伟大的圣人,千年以后,连古迹都被有权力的人擅加摧毁,真是成什么话!

"叹凤嗟身否,伤麟怨道穷",这两句是咏叹孔子的一生。在《论语·微子》篇中,楚国有一个叫接舆的隐士,是道家人物,看见孔子来了,就装疯卖傻地唱起歌来:"凤兮!凤兮!何德之衰。往者不可谏,来者犹可追。已而!已而!今之从政者殆而。"凤凰呀!凤凰呀!你来得可不是时候啊!现在这个时代人心不古啦!你现在出来等于跑到荆棘丛中,人家可会把你当做山鸡,捕去杀了吃火锅的啊!过去的不去说了,现在转身还来得及的。算了吧!算了吧!如今从政当官,可危险得很啊!这是楚狂接舆给孔子的警告。

孔子自己也做过类似的感叹。在《子罕》篇里,孔子说:"凤鸟不至,河不出图,吾已矣夫。"这是孔子感叹当时,既不像凤鸟出现时的大舜时代，又不是洛书出来时的伏羲时代，没有明君在上以为辅政，悲叹自己的道不得行于世。孔子在著《春秋》的时候，有人打猎打死了一只怪兽，不知是什么兽，抬来问孔子，他一看是麒麟。据说太平盛世才出麒麟；现在出来，却被打死了。因此他知道世界将更乱，而自己也和麒麟一样快完了。所以孔子"获麟而绝笔"，当时他正在著《春秋》，当他看到麒麟后，就不写了。唐明皇用这两句诗来描写孔子一生行道的坎坷，也为孔子发出无限的感慨。

"今看两楹奠，当与梦时同"，这是唐明皇对孔子的祝文。他说，我现在亲自来看你这前后两进的故宅，并且向你叩首祭奠。"当与梦时同"，是指孔子在快要死的时候，经常梦到周公，而孔子在死前最后一次，是梦见自己在周公祭殿的两楹之间，因此孔子也知道自己快要死了。唐明皇的"当与梦时同"是说，我今天来祭奠离人世久远的你，这种心情，和你当年梦到在两楹之间祭拜周公时，是同样的沉重。

唐明皇以帝王之尊，对孔子做如此之咏叹，也可知道唐明皇的风流蕴藉，还是有他的一套。所以我认为他这首诗，不但是唐诗的正宗，而且比一般对孔子的诰文、祭文都要好。虽然没有孟子的"自有生民以来，未有孔子也"这句话那么简捷有力，但比其他的诗文，实在好得太多。在文学艺术的观点上，他这一首五言律诗，四十个字，表达了那么多的感触，那么多的历史事迹，这就是作诗。一般不懂的人，就指作诗为无病呻吟，其实并不是无病，实在是有病！而且还呻吟得有深度。

我们现在说这是古诗，在当时却是白话。今后的白话诗发展如何，"姑舍是"，且不去讨论它。但从这首诗上看，作诗一定要有深度，这里唐明皇一开口就是"夫子何为者，栖栖一代中"，这十个字，几乎可以用在任何一个落魄的书生或知识分子的身上。今天不得志的任何一个读书人，都可以吟唱一下这两句诗，那也是很有味道的。用现代文学批评的术语来说，这就是所谓"共鸣"。一首诗经过千年以后，其文学价值与境界，没有被漫长的时间冲淡，仍能新鲜而强烈地引起共鸣，即可誉之为不朽，当然也可以绝对肯定它是一首好诗了。

还有刚才说过，诗就是韵文的一种。古代的散文，也多少包含韵律的。古文中为什么那么多"之、乎、者、也、然、焉、哉"等语助词，就是在朗诵起来可以抑、扬、顿、挫，帮助长哦慢咏，并且加重语气，也加深了印象，易于记忆。我认为古代的读书方法比现代好，不但有上述的好处，而且高声吟哦朗诵起来，把自己的感情放进去，可以与书中人打成一片。如读《论语》，有时好像自己就是孔夫子了，在无形之中，又是一项德育的潜移默化。而在生理方面，又等于做了深呼吸，练了气功。不像现代人读书那样，低着头，默不作声地死啃，把知识向脑子里硬塞硬填，强迫脑子死记，这是多么痛苦！今天年轻人近视那么多，和读书方法大有关系。我们幼年时读书，是把知识像唱歌一样唱进脑子里去的，当然那个时代是拉不回来了。今昔相比，文学的组织方法，已大不相同了，现在的语体文和说话一样，如"张三走路快一点"可以用嘴说，也可以写成文字，可是如果像朗诵古文的方法一样朗诵起来，那不是"快一点"而是"十三点"——神经质了。

有一则笑话，一个人口吃，一句话说了半天还说不出来。可是他唱起歌来，一点也不口吃。有一次他家里失了火，他打电话报警，本来就口吃，现在又加上心急，更对着电话听筒结结巴巴说不出话来了。总算他急中生智，想起自己唱起歌来就不会口吃，于是把报火警的话用唱歌的方式唱出来。可是等他把"报警歌"唱完，家里的房子差不多快烧光了，而消防队里接电话的人，还以为他在开玩笑哩。

孔子外传

另外，唐末五代时期的冯道，也有一个与孔子有关的故事。当冯道还没有当宰相之前，在外面做官镇守同州，大约和现代的省主席或行政专员的地位差不多。那时，当地的孔庙年久失修倒塌，却没有人过问。在他下面有一名专管酒税的科长之流的小官吏，对这种情况看不下去了，觉得孔庙都弄到如此衰败，太不成话，于是上了一个报告给冯道，要求准许他自己出钱来修复孔庙。冯道收到他的报告，因为是一名小科长递来的，就交给判官——等于现在的秘书长兼管司法的去办。这位判官的个性也蛮滑稽的，看到冯道交下来的这件公文，于是在上面批了一首诗：

槐影参差覆杏坛　儒门子弟尽高官
却教酒户重修庙　觅我惭惶也不难

意思是说，孔夫子教书的地方——杏坛，四周都长满了荆棘啦，可是口称孔孟之学、自认为是儒家出身的读书人，都在高官显贵的位子，只图自己偷享安乐，对于孔老夫子四周的环境卫生也不去管了。如果叫一个管酒税的小吏去花钱修孔庙，我看了也感到脸红而惶恐,对这份公文我实在很难下笔签具什么意见了。

然后他把这件公文退回到冯道那里,冯道一看这首诗,真的不好意思,脸都羞红了,赶快自己掏腰包,出钱来修孔庙。

差不多在同一时期,陈州的卫士使李谷,相当于现代的警备司令,他到任三个月,依照当时的规定去拜孔庙。当时陈州的夫子庙只有三间破房子,里面只有一尊孔子像,简陋得很。由于唐代的帝王们爱好歌剧,出了不少有学问的伶人,一直到五代时,都继承这一遗风。唐时陈州一个著名的优伶李花开,看到这孔庙的破陋情形,口吟一首诗:

　　破落三间屋　　萧条一旅人
　　不知负何事　　生死厄于陈

孔子生前绝粮陈蔡,曾在陈州落难,无饭可吃。而死了以后,在陈州的庙宇,又破陋到这个地步。所以他说,孔子对陈州来说,是一个过路的旅客,不知道他到底做了什么对不起陈州这个地方的事,以至于生前死后,都在这里倒霉。李花开的这首诗,也等于是一种民间的舆论,李谷听了以后,又惊讶又感叹,于是赶快自掏腰包来修孔庙。

由这些故事,我们可以看到,孔子之成为千古之圣人,确实是不容易的事。圣人永远是寂寞的。明代洪自诚所写《菜根谭》中说:"栖守道德者,寂寞一时。依阿权势者,凄凉万古。达人观物外之物,思身后之身,宁受一时之寂寞,毋取万古之凄凉。"最后,我们借用这段话,作为讨论孟子"自有生民以来,未有孔子也"这句话的结论。

所以说，一个人必须先仔细研究，确定自己的人生观。有许多事业是一时的成功、短暂的光耀，只能保持三十年、五十年，最多保持一百年便过去了。所以只有少数人做的是千秋事业，像孔子，像那些宗教的教主们，除非没有人类，除非太阳不再出来，否则的话，他们是永远存在的。这就是千秋事业，就是确定人生价值的问题，大家做的，到底是千秋事业，抑是一生一代的事业，就要自己去考虑了。

曰："然则有同与？"

曰："有。得百里之地而君之，皆能以朝诸侯，有天下；行一不义，杀一不辜，而得天下，皆不为也。是则同。"

前面孟子答复公孙丑的话，认为伯夷、伊尹虽然也是古圣人，但并不能与孔子等量齐观；孔子是自有人类以来，没人比得上的一个圣人。于是公孙丑这里接着问孟子，那么伯夷、伊尹、孔子他们三个人有没有相同的地方呢？孟子说：有啊！只要有一百里这么大的领土给他们治理，结果都可以做到富强康乐，使得各国诸侯心悦诚服地前来依附，而统一天下。不过，假如叫他们用手段，做一件不义的事，或者杀一个无辜的人而取得天下，他们也一定不肯这样做的。这就是他们相同之处了。

曰："敢问其所以异？"

曰："宰我、子贡、有若，智足以知圣人；污不至阿其所好。宰我曰：'以予观于夫子，贤于尧舜远矣。'子贡曰：'见其礼而知其政，闻其乐而知其德。由百世之后，等百世之王,莫之能违也。自生民以来,未有夫子也。'有若曰:'岂惟民哉?麒麟之于走兽,凤凰之于飞鸟,太山之于丘垤,河海之于行潦,类也。圣人之于民,亦类也;出于其类,拔乎其萃,自生民以来,未有盛于孔子也。'"

公孙丑又问孟子说:他们不同的地方在哪里呢?

孟子在《公孙丑》这篇中,借着和学生的讨论,表达出中国文化的精髓——"内圣外王"的中心思想。"内圣"修养方面,他提出养心、养气的要点。"外用"功业方面,我们曾经提到,他借用伯夷、伊尹、孔子这三种不同的典型,影射出立身处世的楷模。全篇精神实在值得后人用心体会和效法。至于在文体方面,如果从孟子的时代退回一百年,换成《论语》笔法的话,就要简单多了,几句话就把意思表明出来,不会像孟子这样长篇大论。孟子此时,一方面,受了时代文风的影响——时代越向后发展,文章笔法越详尽;时代越向前追溯,文章笔法越简练。另一方面,也是孟子个人的文学素养好,起承转合,发挥得淋漓尽致。

对"内养"方面的阐述,《孟子》比《大学》《中庸》《论语》都要详细、具体得多。孟子提出养心、养气的方法,导致了后世儒家"养心、养气"的学说和体系,在中国文化中和道家的"炼心、炼气"、佛家的"修心、修气"相互辉映,蔚为大观。"外用"方面,他则列举伯夷、伊尹、孔子三人,烘托出万世师表孔子的典范,同时隐喻这条道路的艰难。

难在哪里呢?这也就是庄子所谓"有圣人之才,无圣人之道"则不足以成圣人,"有圣人之道,无圣人之才"也不足以成圣人。真正的大圣人必须有圣人之才,也有圣人之道。假如从庄子这个观点来看的话，道家可以说是有圣人之才，也有圣人之道，不过比较侧重于圣人之才；而佛家则可以说是有圣人之道，也有圣人之才，不过比较侧重于圣人之道。才、道两者周全，的确是难能可贵的，这也就是佛家所谓的"根器"。

在座诸位都有志于学圣人之道，这一点是不错，但是，诸位不妨自己检点一下，是不是具备了圣人之才，这一点，恐怕大家还要多加充实。才、德、学三者是息息相关、相辅相成的。佛家注重功德，主要的目的也就在于"器识之才"的培养，才器如果有所不足，那就要靠"力学"，也就是努力多学来加以弥补。如果才、德俱佳，那么更要"博学"，以精益求精，因为这是一条任重而道远的路。至于能否得其时，那便另当别论了。正如唐杜牧的诗所谓"由来才命两相妨"。

《公孙丑》这半篇的要点就在于此，如果把握了这个关键，那么一路读下去，味道就出来了。同时我们也才知道《孟子》为什么如此记载，为什么如此编排。否则，也和前人一样，把它圈成一段一段，支离破碎的，对全篇连贯的精神就没有办法掌握了。

现在让我们继续看《孟子》的原文。孟子借孔门三子——宰我、子贡、有若，对孔子的赞言，作为他对孔子的结论；同时也表明自己的态度、立场，效法孔子，立志于圣人之道。不过这一点孟子并没有讲明，而要读者自己去领会。这种文章的写法就好比"歇后语"。譬如"瞎子吃汤圆"，歇后语的意思就是"肚里有数"，主要意思在"肚里有数"，但是这句话不说出来，只说"瞎子吃汤圆"。孟子在此引用宰我、子贡、有若三个人的话，表达对孔子的赞叹，其中隐含的寓意，他也没有明说，而要我们自己体会。

宰我说："以予观于夫子，贤于尧舜远矣。"宰我认为他的老师孔子，比尧舜还要伟大得多。我们如果只从表面看，学生投老师的票，是当然的道理，偏私之意在所难免。事实不然，我们如果详加研究的话，宰我这个论点可以说是公正无私。尧舜固然有圣人之才、圣人之道，可以君临天下，但是却没有建立万世师表的精神世界；而孔子在当时很可以一统天下，但是他却仍然安守其分，以平民之身，开创有教无类的先河，致力于百代千秋的大业。如果更深入研究，这其中还有更多道理，我们在此也是只点到为止。

宰我和子贡，这两位同学的观念相同，但是表达的内容、方式有异。子贡在这里称道孔子的伟大，首先举出"见其礼而知其政"这个特点。

春秋战国时，各诸侯国的语言、文字、政令、法规等等都没有统一，文字、政规等的统一是秦汉以后的事。因此，当时各诸侯国的礼仪、文化，包括了政治、经济、律法等互不相同。而孔子的智慧可以"见其礼而知其政"，随便到各地一看，由当地的民俗风情、社会状况，就可以断定那个地区政治设施的成败。

子贡接着说，孔子还有更高明的一招，"闻其乐而知其德"。当时各诸侯国的音乐也都不相同，就好比现在世界各地音乐的乐风、韵味，都各不相同一样。而孔子能够一听音乐，就知道当地的社会风气、国民道德如何。这两句话看起来好像有点玄虚，有点离谱，好像是学生为老师送出来的一顶高帽子，其实这顶帽子一点也不高。我们举个例子，看看《史记》中《吴太伯世家》——吴太伯是吴国的祖先，本来是周朝的世子之一，后来由于家庭问题，他为了成全孝道，就离家出走，躲到偏远的南方吴这个地方,就是现在的江苏,当隐士去了。久而久之,这一带的百姓自然受他的感化,大家一致拥戴他为君主,于是就成为后来的吴国。或许由于吴国的开国先祖吴太伯的影响,吴国世代都有高尚的流风。

又譬如吴季札——吴王夫差的叔祖,也是舍弃王位远走他乡的一位奇人。《吴太伯世家》里称他为延陵季子(延陵是他的封邑)。后来他出使各诸侯之间,每到一个地方,他只要随处看一看,就能对当地政治、文化的兴亡得失有个大概的认识,并且有独到的见解。譬如他到了齐国,那时正好是晏子辅相、齐国势力相当强大的时候。但是他已洞烛先机,警告晏子,齐国不久会发生变乱,劝告晏子及时安排后路,以保全性命。晏子不愧为一代名相,接受了吴季札的建议。后来吴季札到了郑、晋等国,又向郑国的子产、晋国的叔向提出了宝贵的意见。总之,他在周游列国之际,各国的君相几乎没有不向他请教的。因此,孔子对他也是非常佩服。

关于他,还有一则千古流传的美谈,就是"季子挂剑"的故事。古时候是文武合一的教育,士大夫们身上都会佩挂一把宝剑。当吴季札访问到徐国的时候,那个国家在当时是一个小国,徐君对他身上佩的这把宝剑非常喜爱,很想向他索取,但是没有明讲;吴季札懂得徐公的意思,但他也没有表示什么。后来他这趟大使的任务完成了,再过徐国,就准备把这把剑送给徐公,无奈这个时候徐公已经死了。于是吴季札亲自到徐公的坟上,解下宝剑,挂在徐公的坟前。随从的人看了说,人都死了,何必如此呢?吴季札有他的道理,他说:"不然,始吾心已许之,岂以死倍吾心哉。"当时徐公心里想要,而我心里也想给,只不过当时双方都没明讲，现在徐公虽然死了，但是大丈夫不能负心，所以我一定要实践自己的许诺。这就是延陵季子的风范。

现在我们这里的重点不是介绍奇人异事，引用这段故事，主要是说明《史记》在《吴太伯世家》里也记载了延陵季子具备"见其礼而知其政，闻其乐而知其德"的才智。现在我们翻开《史记》，看了这段记载，就像看普通文章一样，不会有什么特别的感触。如果我们设身处地，退回到当时的历史环境和复杂的时代中，看到一个人，能够早许多年，见人之所未见，预言出一个国家社会的兴亡成败，这是多大的智慧、多高深的修养！

子贡这里称颂孔子就具备这种高明的智慧，事情的前因一动，他就已经预测出将来的结果，这是何等远大的眼光与过人的见地。所以子贡接着说："由百世之后，等百世之王，莫之能违也。自生民以来，未有夫子也。"就算经过千百年时间的考验，经过多少英雄豪杰的崛起，也没有办法动摇孔子在人类文化历史上的地位。"自生民以来，未有夫子也"，子贡对孔子佩服得真是无以复加，所以他结论就说，自从人类世界开始以来，从来没有像我们老师这么伟大的人。

我们如果从另外一个角度来看，孔子的三千弟子七十二贤人中，子贡应该算是表现最突出的一位。我们甚至可以说，孔子之所以在历史上留下千古之名，生前身后，得力于子贡的宣扬之处很多。子贡当时在国际间也颇负盛名，而且有的是钱，在外交界又是位高手，有眼光，有办法。说句笑话，他是官僚，又是资本家，做什么像什么。孔子的晚年生活大概都靠他供应。例如有关堪舆的书籍记载，孔子死后，他弟子里面很多研究过《易经》的，对阴阳、八卦颇有心得，经过会商讨论后，选出一块坟地，最后请子贡来加以裁定。子贡到场一看就说：这块地只足以葬帝王，不足以葬夫子啊！葬一个小小的皇帝嘛，还可以，我们的老师怎么可以葬在这里。最后由子贡选择了曲阜这块百代帝王师的名地。

孔子安葬之后，经过了三百多年的冷冻，到了汉武帝时，终于时来运转，董仲舒提出"独尊儒术"的建议，从此奠定了"至圣先师"的声威，孔子果然成了百代帝王之师。而原先为孔子准备的那块坟地，后来就成为汉高祖的安葬之处。据说是如此。风水之说是耶？非耶？其中涉及论辩太多，在此不用多加讨论。孔子死后，三千弟子七十二贤人中独独子贡庐墓六年，在孔子坟墓旁边搭了个小茅棚，守了六年孝。其余弟子皆服"心丧"三年。这是事实。子贡对孔子的衷心敬仰由此可见。所以我们这里看到子贡对孔子的赞叹，真是捧得过瘾。

第三段，孟子引用有若对孔子的赞扬。有若顺着子贡的话说下来，师兄弟两人好像唱双簧似的，有若说"岂惟民哉"，岂止人类如此。有若对子贡的赞叹再来一个引申强调，有若举出走兽中的"麒麟"、飞禽中的"凤凰"来做比喻。现在有些生物学家认为，麒麟就是生长在南洋一带的长颈鹿。我对这个看法是非常怀疑的，就好比现代学者们把我们中国文化中的龙当成西方的恐龙一样的荒谬。恐龙是恐龙，不是中国文化里的龙，西方的恐龙只不过是我们中国龙的子孙。当然，到底有没有"龙"，又另当别论。不过据中国文化的传述，龙生九子，形状各不相同，所以如果一定要把中国龙和西方的恐龙扯在一起的话，我们就只好说恐龙是中国龙的子孙，而且是个笨子孙。因为中国龙是神龙见首不见尾、变化莫测的三栖神物，既能在天上飞，又能在水里游，更能在地上走。在中国文化里，麒麟和龙居于同等地位，都是中国文化里特有的标志，我们把它随便比成长颈鹿或恐龙，实在是很成问题，至少我站在拥护传统文化的立场上，是不同意的。在中国文化里，麒麟是走兽中最高贵、最了不起的，千百年难得一见。方才我们提到过孔子"获麟而叹"的典故了；至于"凤凰"则是百鸟之王，在飞禽当中是最珍贵的。

有若提出了麒麟和凤凰的比喻以后，接着又举"太山"为喻，"太山"就是鲁国人常引以为豪的泰山。泰山并不是中国最高的山，泰山在中国文化里所以占了特殊的地位，是因为在上古时代，它被涂上了一层神话色彩。"丘垤"是普通的小丘陵。"行潦"是小河沟、小溪流，"类也"，是同类的。麒麟是走兽，阿猫阿狗也是走兽；美丽的凤凰是飞鸟，天天生蛋给我们吃的鸡也是飞鸟；神秘的泰山是山，公园里一堆假山也是山；浩瀚无边的江海是水流，马路旁的脏水沟也是水流。我们顶礼膜拜的圣人、仙佛是人，我们这些凡夫俗子也是人，都是同类。所不同的是，麒麟、凤凰、泰山、江海、圣人是"出于其类，拔乎其萃"，在同类中表现得最优异，从平凡中升华、超越，而至于崇高、伟大的境界。"拔乎其萃"的"萃"就是草类，当一片种子撒下去以后，没多久就发了芽，随后长成一片草木，良莠不齐，经过了风吹雨打的锻炼，经过了地利天时的考验，最后，硕果仅存，发展成了凌云之干。人为万物之灵，更应该效法这种"出类拔萃"的精神，踏踏实实地修炼自己的学养，日久功深，精诚所至，金石为开，有朝一日，平凡中自会有非凡的成果。

就像孔子，也不过是个普通人，但他是个了不起的普通人，能够学不厌、教不倦地从平凡中升华到"从心所欲不逾矩"的圣人境界。所以有若结论说:"自生民以来,未有盛于孔子也。"自从有人类以来,的确是没有比我们的老师孔子更伟大的了。有若这句话,比子贡说得更重。

我们看这篇文章,从公孙丑一些不相干的问题开始,说到动心、不动心的修养,一路说下来,说到这里做了结论。究竟这一段话和动心、不动心有没有关联呢?绝对有关联,关联在哪里?就在于孟子说明了自己"志心于圣人之道,志心于圣人之境",这两句话是我照他的意思,代他说的。他立志以孔子为榜样,可以出世,可以入世;可以治平天下,也可以默默无闻。所以孟子这里借孔子的修养典范,说明自己"志心"——内养不动心,以及"修身"——调养浩然之气的原因,以期外用济世救人——"齐家、治国、平天下"。这个是歇后语,他并没有完全点明。所以我们读书呀,不但自己要多读,还要能透过文字,运用我们的智慧,了解它的内涵,了解它的真正精神,那么就可体会出《孟子》的味道来了。

孟子曰:"以力假仁者霸,霸必有大国。以德行仁者王,王不待大。汤以七十里,文王以百里。以力服人者,非心服也,力不赡也。以德服人者,中心悦而诚服也,如七十子之服孔子也。诗云:'自西自东,自南自北,无思不服。'此之谓也。"

孟子提出的王道精神,也是中国政治哲学的一个大原则。自孟子提出这个观念以后,中国历代的政治思想,均以此作为政治的大原则。

孟子说，"以力假仁者霸"，以权势及武力为手段，而又假借仁义为口号的，这种政治就是"霸道"。中国历史自尧、舜、禹三代以后，政治路线变了，所行的差不多都是霸道。而行霸道的先决条件，必须自己先能成为一个大国，也就是说国家本身的军事力量要强大，经济力量要雄厚，人民要众多，领土要广阔，等等。必须先具备这些厚实的国力，霸道才能行得通，所以孔子、孟子都认为，自周朝以来，王道就开始逐渐衰微了。

孔子在《礼记》的《礼运篇》中说到人类文化衰微的演变，就感叹后世已失去了王道。世界大同思想，仅仅见于《礼运篇》中的一段，描写王道政治普遍实施以后，理想的社会状况。他说，中国在上古时候的人类社会，就是这种大同世界的"太平"盛世；等而次之，王道的精神变了，王道的政治也没有了，但还可以致"升平"的社会；再等而下之，便是衰乱之世了。而孟子在这里，就更加强调失去大同世界理想、失去王道精神以后的政治，都只是假借仁义的"霸道"而已。但是他为霸业下了一个定义：霸业必须具备一个强大的力量来行使治权。然而，纵使是一个具有强大力量的政权，要想图强称霸，还是要假借仁义之名，利用仁义做它的号召。换言之，霸道的政权、霸道的君主、霸道的大国，如果不借仁义为名，还是不行，不能成为霸。历史上这类事例很多，一定要两者掺和来用，虽然有政权，有实力，但也还要借助仁义这块招牌。

例如十九世纪以后，西方政治思想所标榜的"自由民主"，表面听上去无可厚非，其实真正的"自由民主"，也就是中国传统所讲的，做到"王道"精神的一个渠道。可是直到现在为止，全世界的国家民族中，哪个真正做到了"自由民主"呢？即使有,也不过是假借自由民主之名而行霸权之实,不也正是孟子所说的"以力假仁者霸"吗?

孟子再为王道下一个定义,"以德行仁者王",以最高的道德政治为中心来施行仁政,就是"王道"。而以道德为基础的仁政,则不在乎土地是否广大,人民是否众多,武力是否强大,经济是否雄厚等问题了。他并且举出历史的例子做说明。这里要注意,引申孟子的思想,姑且裁定尧、舜、禹三代是上古最纯粹的、不着意的、本然而行的王道。他在这里所举的,是后世所称道的吊民伐罪——有所为而为的王道的代表。然而这一典型也往往被后世假借而利用。他说,像商汤开始起来的时候,领土只有七十里;而周文王在开始建国的时候,领土也不过百里而已。幅员如此之小,他们却能够实行仁政,因为他们在实行之初,并不是企图扩大领土,成为大国,也没有其他的野心。那是以一个道德的政治思想做原动力,所以不需要假借一个大国的力量去行使仁政。

中国的历史哲学中充满了儒家的色彩,而儒家从孔子开始,首先提出汤武吊民伐罪的革命事业。孔子平常不多谈汤武革命,到了孟子的时候,才比较提到汤武革命吊民伐罪的王道精神。但是,我们前面曾经提过的,古人很多对于汤武的革命抱有怀疑的态度,尤其是司马迁。在《史记》的《齐太公世家》里,他很巧妙地表明了对汤武革命的看法,《史记》之难懂,就在这种高明的处理手法。当他记叙周文王、周武王如何创业、如何兴起时,全篇都是好话,但是他的文章里有块"骨头",这块骨头没有摆在这里,而是摆在《齐太公世家》里。齐太公就是姜太公,当他遇到文王、成为文王的辅政以后,司马迁用"阴谋修德"这四个字,点出文王把道德仁义作为阴谋的手段,说明文王、武王还是假借仁义而已。文王与姜太公两人"阴谋修德",这四个字,就表明司马迁的看法,说出历史事实的真相。他的文章真厉害,好像把一个钉子钉到另一个不受注意的地方。你不把这个钉子找出来,则全篇的关键、整个的观念就搞不清楚了。

不过话说回来,这是历史哲学家司马迁的观点!历史哲学家们所要求的,是站在中国文化的立场,对民族文化的精神负责,所以他是不顾一切地,只为发挥正义而秉笔直书。但是,历史上多少还是有些隐晦的地方,基于私德,司马迁不便做露骨的批评;基于公道,司马迁又不得不说出微言大义。于是他运用高明的智慧、优美的文字,以及巧妙的手法,完成了这部巨著。所以,这部《史记》传下来,他敢吹这个牛说"藏诸名山,传之其人"。因此我们读《史记》,必须细心体会。否则,很多关键就忽略过去了,而不能懂得《史记》的真义。

孟子更进一步引申王道精神说:"**以力服人者,非心服也,力不赡也。**"后世的霸道,以权力、武力去征服别人、慑服别人,而在表面上被征服、慑服的那些人,内心并没有真正地被降伏或佩服这种征服者。实际上,只是因为自己力量不及,无法对抗,只好投降,做出服从的表示而已。做人也是同样道理,假如你比别人狠,比别人能干,比别人有钱有势,别人只有听你的,只好对你好了。譬如说你是一个有钱的老板,你公司里的职员因为要向你领薪水,只好听你的,但是他心里不服你,也不一定佩服你。

素王的道德榜样

孟子又提出另一面："以德服人者，中心悦而诚服也，如七十子之服孔子也。"凡是以道德来服人的，是使别人内心高兴、心甘情愿去服从他，这就是王道。像孔子，只是一个平民老百姓，既无财又无势，什么都没有，自己还一度落魄到没有饭吃。可是三千弟子中的七十二贤人，这些忠诚耿耿的学生，在任何情形之下，都跟着这位老师，连饿饭的时候，都跟着老师一起饿饭。因为孔子的修养、道德，使他们衷心地敬仰，故而服从他，这就是以德服人的道德精神。

孔子也因此成为"素王"。这个"素王"是非常崇高的尊称，也就是千秋万世的王，等于佛教尊称释迦牟尼佛为"空王"一样。空王的含义则更为豁达，什么都不要，他并不想坐在大殿里垂目而称王。你来烧香是如此，不来烧香也是如此。所以"空王""素王"，都是一样的极端高明。

孟子这一段画龙点睛之笔，就在"七十子之服孔子也"这一句话，点出孔子"以德服人"而成就千秋素王之业。素王不是争取一时的功名富贵，不是要富有四海，或保有天下的一代王业。换句话说，真正的王道德业有两种，一种是有实际的行为，见之于齐家、治国、平天下所表达的，如尧、舜、禹、汤、文、武；另一种便如孔子一样地有素王之尊，永垂万古。我们拿西方文化的名词来说，这是精神文化的王国，永远属于孔子的天下。

"诗云：'自西自东，自南自北，无思不服。'"孟子接着又引用《诗经·大雅篇》颂扬文王的话，东、南、西、北四方四境,普天之下,凡是有思想的人,没有人不对文王心悦诚服的。这种诗句的咏叹,就是歌颂王道的精神、王道的政治。所以王道就是这样,谁都会心悦而诚服的。

孟子时论

我们还记得,孟子曾经对公孙丑说:"以齐王,由反手也。"如果要使齐国实行王道,听我的意见去做,齐国称王天下,就像把自己的手掌翻过来一样的简单容易。可惜齐宣王和齐湣王都不听这个意见。现在,齐湣王政治暗潮涌动,正欲发动伐燕的不义之战,所以孟子就针对这件事,首先阐明王道与霸道的分野。这也等于孟子评论齐湣王不行王道的一篇"社论"。这篇"社论",也成为后世讲政治哲学时的不易原则。在他指出王道与霸道的分野后,又继续申论下去——

孟子曰:"仁则荣,不仁则辱。今恶辱而居不仁,是犹恶湿而居下也。

"如恶之,莫如贵德而尊士,贤者在位,能者在职。国家闲暇,及是时,明其政刑,虽大国,必畏之矣。诗云:'迨天之未阴雨,彻彼桑土,绸缪牖户。今此下民,或敢侮予?'孔子曰:'为此诗者,其知道乎!能治其国家,谁敢侮之?'

"今国家闲暇,及是时,般乐怠敖,是自求祸也。祸福无不自己求之者。诗云:'永言配命,自求多福。'太甲曰:'天作孽,犹可违;自作孽,不可活。'此之谓也。"

这里为什么又来一个"孟子曰",而且为什么在这里把它圈断了呢?作文章讲究文气,前面孟子说"以力假仁者霸",一路说下来,如果接着就是"仁则荣,不仁则辱",一路再连接下去,没有起伏,没有顿挫,没有转折,像一条直线,就会觉得没有味道。像画画也是一样,一弯流水,一条曲径,有时被山峦遮去一段,被浮云罩住一截,于是隐约回旋,就另有一番气象,另有一种风情了。行文到了这里,又来一个"孟子曰",就是这一类的手法,在文学上,好像是另起一段,重新起头。现代写白话文,也多如此,一节不能太长。现代人的工作繁重,生活紧张,对于太长的文章,没有耐心去读,即使文章中需要较长的说明才能在文意上告一段落,也得想办法分成几个小段落,至少在编排形式上,要如此截短。

这里孟子说"仁则荣",荣就是光荣的成功,永远的辉煌,永远见之于文化历史上的荣耀。"不仁则辱",辱就是耻辱,如果不行仁道的话,就会招来耻辱。这是以历史哲学家的观点所做的一次结论。

但是世上的人,谁不喜欢光荣的成就呢?所以孟子说"今恶辱而居不仁",今是指战国当时的诸侯们,厌恶失败,却又不愿推行仁政,走成功的道路。既希望在历史上占有光辉的一页,留一个好名声,但实际上内在居心和外在的行为又与"仁政"背道而驰,只讲究现实眼前的利害,不管什么仁或不仁。这就等于一个人既讨厌潮湿,又偏要住在低洼地带,不肯迁到高地去住一样,这就太矛盾了。

孟子批评战国当时的诸侯各国是如此,其实,人生也是如此。人的习惯总不肯改变,等想到时,习惯已经使自己受了太多损失。学问之道,就是要变化气质。人往往都很短视,安于现实,珍惜目前,那里放着一样东西,明知是一种障碍,可是摆了很久,就是不肯挪开。过去农业社会讲究节俭,一张凳子坏了,还要留着,准备有一天还用得着。现在工商业社会的商品讲究包装,买了东西,盒子、罐子、美观大方,舍不得丢,积起来一大堆,成为美丽的废物。这就是农业社会的旧习惯,改不了。由此也可了解,社会、政治、文化之难变,有时候领导人决定要变,可是一般人习惯久了,不肯变更。就连狭窄的泥路改成宽一些的柏油路面,有些人都还觉得讨厌。因为张家大嫂到对门串门子,要走那条柏油路,就认为太宽、太麻烦了。由此便也知道为政之难!

至于孟子,希望那时的诸侯们怎样转变呢?他认为如果他们不愿在历史上蒙羞,留下恶名,就要赶快改变作风;而改变之道,在于"贵德",尊重政治的道德,推行道德的仁政。而且必须"尊士",尊重当时所谓的"士"。因为当时教育还不普及,"士"就是少数贤良的读书人、知识分子。其实上古真正的"士"并不如此简单,在中国文化里,典型的"士",应该像《礼记》中《士行》《儒行》篇中所记述的读书人,是在思想、言行、学问、道德、修养上都有卓越成就的知识分子。现代大学毕业为学士,进而硕士、博士,这些只是一种学位的名称。有人拿到了这种头衔,实际上也许是不"博"、不"硕"、不"学"也不"士"的。

贤能与职位的界说

领导人除了"贵德尊士"之外,同时还要做到"贤者在位,能者在职"。"贤者在位"就是贤人的政治,这不只是孟子的思想;

与他意见相反的墨子，当时也提出了"尚贤"的主张。虽然孟子反对墨子某一部分的思想，但是在这一点上，他们的观点是一致的。

下一句"能者在职"，和上一句"贤者在位"两句话，从文字上粗看起来，好像是同一意义。人们会认为在位就是在职，在职就是在位；贤者就是能者，能者就是贤者。其实，这两句话大有差别。

古代的政治体制，位是位，职是职。以现代观念来说，"职"是负责执行职务、具有政治权力的行政人员。"位"不一定负责执行，而是说有智慧、有见解的人，执掌决策、清议、评审、监察等官位。他们虽然位高而清贵，并无执行政策的实权，如清代翰林大学士等的显位便是。上古官制中，有三公之位，也是"在位"的一种体制。"三公坐而论道"，并不以行动去执行事务，是专门对政治进行策划、建议、诤谏的。帝王一有不对的地方，他们就严肃起来，开口说话了。至于执行政务的事，便由有才干、有能力的人在职务上去实施、去执行了。

从前有一位同盟会的元老曾经对我说过，对任何人，即使有很深挚的友情，也不可以拿国家的官位当做人情送。可以送钱，送别的东西，但不能送官位。这个意思也就是"**贤者在位，能者在职**"的道理。

国家为政当如此，个人事业也一样。譬如投资开一家公司，结果因为是岳父、是内弟，不问他们是不是贤或能，就拉到公司来当权做事。如果他们是贤的、能的，当然没问题；但是，如果是不贤不能的，你这家公司就非垮不可。当校长、开医院，做任何事都一样。

现在我们实施民主政治，也是要贯彻《礼运篇》的精神。但是所谓"选贤与能"，这里要注意，贤、能是分开的。当然，既贤又能的人更好，不过这种人才恐怕少之又少。我们只要深入研究历代官职的人事制度，就会发觉古人的确不简单。例如这一张娱乐用的《满汉升官图》，它所标示清代人事官职的遴选制度，也是德第一、才第二、功第三、良第四、柔（服从）第五，这是升迁的顺序标准。许多人看了西方文化的什么"人事管理学"，就以为了不起，其实我们几千年以来，自己老祖宗留下的好东西可真是多得很，可惜自己把它堆在仓库里当废物，不知道去挖这些宝藏。

孟子又说，做到了"贵德尊士，贤者在位，能者在职"才可以施仁政，行王道。然后到了"国家闲暇"的时候——要注意"闲暇"两个字，并不是各级的公职人员坐在办公室里无事可做，看报、喝茶、打毛线。其实，社会安定，民富国强，政简刑清，天下太平无事，才是"国家闲暇"的状况。在全国上下皆得清闲的时候，"明其政刑"，整理内政，修明政治和法令，在这种政治形态之下，别的大国也不敢来侵犯你了！

选贤与能的另一章

读了《孟子》这一段文章，正可作为孔子在《礼运篇》里所提出"选贤与能"的最好注解。孟子在这一段中，提了德、士、贤、能四种人才分类。他的"贵德尊士，贤者在位，能者在职"的名言，成为历代中国政治哲学和用人行政上不变的原则。在过去的历史上，历代的明君良相，也都是深深了解这个道理，以这个原则施行于用人行政上面。当然,这又限于所谓"明君良相"才能懂得;等而次之,如历代的庸碌之主,便不大明白了。至于昏庸的,更不用谈。

孟子这三句当中的"贵德尊士",是一大原则。不过,这个"士"字,包括了后世"才与学"这两重含义的综合。说它是一大原则,是因为无论贤者与能者,都必须以德与才为至高无上的标准。贤德者未必有才能,有才能者不见得尽是贤德之士。这是古今中外人才智力的差等,绝对无法平等的。所以孙中山先生也讲智、贤、愚、不肖,是等差平等的。所谓等差,是不能齐头并论;所谓平等,是人权基本上立足的平等。我们明白了孟子所说的重点,便可对于"选贤与能"的道理有了明确的认识,不能混为一谈,更不能随随便便认为都是贤能了。

我们读历史,当然要认识历史,在过去历代帝王专制的政权中,许多开国的明君良相,对于这个原则,天生都搞得很清楚,不必读了《孟子》才懂得。只可惜他们缺乏孟子所说的王道仁者的思想。举近代的历史来说,如清初的康熙、雍正、乾隆三代,便是集这个治术的大成者。他们懂得如何安置贤良方正、博学宏词的贤者们,把他们的位置摆得清而且高,使他们沾不到一点实权。至于放任地方行政长官的时候,大体上,都只责成他们有治理的才能,不大过问那些小德小行的缺点。当然,有贤而有德的能员,如清初的汤斌、陆陇其等名儒,更是极为欢迎的。

我也常说,大家要研究政治上的人事制度,非要完全读通《通典》《通志》等十通不可。不过太难了,还不如好好研究一下清朝末年的一张娱乐用的《满汉升官图》,便可看出历代帝王政权的用人行政,的确有他们的一套,并不是随便胡来的。他们用人的标准是以"德、才、功、良、柔"五个字的原则做标准,以出身学历经历的"由"字辅助,责"赃"罚罪,以贪赃枉法的"赃"做根据。由此升迁调降,看出他们对孟子的"贤者在位,能者在职"的理想与做法,真可谓推崇之至。这是中国文化的结晶,是人事行政管理科学的良模。这张图表和解法,学者另有专文,我只是略加说明而已。这张图并不完全为纪晓岚所作,而是清朝翰林院中一班穷翰林们集体的杰作;只因纪晓岚名气大,后来便都挂在他的名下了。

接着下来是"国家闲暇",这四个字非常重要。我们看看几千年的历史,有多少时间是"国家闲暇"的时候?看过中国的历史以后,再翻阅一下外国史,我们就会深深感到,所谓"社会安定""天下太平""国家闲暇"这些字眼,几乎是"此曲只应天上有,人间难得几回闻"。一旦有幸,国家闲暇、社会安定,"即是时",把握住这个时机,"明其政刑",古代刑政合一,司法与行政不分。如果做到了政、刑清明的话,"虽大国,必畏之矣",就算是大国强国,也不敢轻视你的。这几句话说起来好神气,又好像是空洞的理论,实际上都是仁风德政的必要条件。

同时我们在这里头可以看出几个问题:每一个时代、每一个社会,贤者都很难得。我们看看历史上,没有多少"明君",也没有多少"能臣",多半都是"具臣"。具臣就是有这么一个位子,有这么一个人摆摆样子就是了。好比现在一般普通人,不敢有所作为,多做多错,不做不错。结果都在那里又不做、又不错。前面也曾说过,能干的不肯干,肯干的不能干,结果嘛,弄得既不肯干又不能干,就是那么回事。现在把孟子这句话拿来对证，对于历史哲学就另外看出些道理，如果详细发挥起来，还很多。

所以我素来主张"经史合参"，要诸位对经史融会贯通，这样才能学以致用，否则光读经书，一天到晚抱着四书五经，人会变迁的，会变成呆头呆脑的。读经书，还必须配合历史，读历史同样必须配合经书。所以古人有所谓"刚日读经，柔日读史"的说法。年轻人一看这句话，头大了，什么"刚日""柔日"的。其实很简单，所谓"刚日"就是阳日，也就是单日；所谓"柔日"就是阴日，也就是双日。

但是在"刚日读经，柔日读史"这句话里，刚日、柔日的意思不是这么呆板的。所谓刚柔，代表抽象的观念，"刚日"就是指心气刚强的时候，这里看不惯、那里看不惯，满腹牢骚，情绪烦闷。这时候就要翻一下经书，看看陶冶性情的哲理，譬如孟子的养气啰，尽心啰。相反的，如果心绪低沉，打不起精神，万般无奈的时候，那就是柔日，就要翻阅历史，激发自己恢宏的志气。

自求多福

接下来，孟子又引用了《诗经·豳风》中周公所著《鸱鸮》的诗句"迨天之未阴雨，彻彼桑土（音杜，桑树之根）"，以及孔子对这诗的评论："为此诗者，其知道乎！能治其国家，谁敢侮之？"以阐明孟子自己贵德、尊士、贤者在位、能者在职、明其政刑等的政治思想和主张，是继承周公、孔子之学，是有所根据的，强调他自己这个主张是正确的，是颠扑不破的。

周公作这首诗,是借小鸟营巢护居的情形来说明治国的道理。有一种很会营巢的小鸟,在风雨还没有来的时候,就去把柔韧而带有湿土的桑根皮衔来,缠结补葺巢上通气和出入的孔道,以防风雨来袭时把窠巢弄坏。后来经过这鸟巢下的人们,看到这种努力工作的精神和态度,就不会轻视而任意捉弄这些鸟。我们现在常用"未雨绸缪"的成语,劝人凡事要事先做好准备,这成语就是从这首诗来的。所以孔子读了这首诗以后,就评论说:作这首诗的人,真是深懂治理国家的原则和方法,如果用这个道理来治理国家,谁还敢再对你有侵略的企图呢?

换言之,孟子在无形中说,这个治国之道就是贵德、尊士、贤者在位、能者在职,然后明其政刑。那么其他大国也要有所顾忌,就如经过鸟巢下的人,不敢看不起这只小鸟一样。

接着孟子的笔锋一转,针对当时的齐国现状发表言论:现在你们齐国也可以说是国泰民安的闲暇之时,可是在这样正可大有作为的时候,本应该未雨绸缪,明其政刑,而你们齐国上上下下,却因为繁荣安定而昏陶陶地麻痹了,懒惰、傲慢、自大、优越感,一味地贪图安乐享受。这也就是以前提过,苏秦为赵合纵说齐宣王中所描写的:"其民无不吹竽鼓瑟、击筑弹琴、斗鸡走犬、六博蹹鞠者……车毂击,人肩摩,连衽成帷,举袂成幕,挥汗成雨,家敦而富,志高而扬。"最后应是"趾"高气扬,大概苏秦为了讨好齐宣王,而把"趾"字换为"志"字——完全一派骄、奢、淫、逸的气象。

当时岂止齐国情形如此,我们翻开历史一看,每一代在开创的时候,都是从艰难困苦中奋斗出来的;到了第二代或第三代子孙的手里,就慢慢不行了。政治安定、经济富庶、社会繁荣之后，逸乐就来了，这就开始走向衰败的道路。

一般家庭也是如此，祖父那一辈，天寒地冻时，尚且赤了双脚，鼻尖被冻得红红的，手执锄头，在田里一锄一锄地翻土松泥，准备春来播种。到了他的儿子这一代，虽然由种田的父亲培育，上了大学，但亲眼看见父亲的辛勤劳苦，也许自己也下田帮过一些小忙，还知道赚钱的艰辛，所以生活朴实，也努力振兴家业，继续置产。可是到了孙子的一代，在富裕的环境中长大，已不知祖辈、父辈的辛劳艰苦，于是"般乐怠敖"的毛病都出来了。到他的下一代，不但汽车要最时髦的，还要年年换新，吃喝嫖赌样样都来，于是就走向了衰败。也许传到第五、六代，差不多又要顶着寒风冷雨，佝偻着在田地里挥锄头、踩泥巴了。人世间之事，总是这样反复轮回。

这都是人类的一种惰性，家庭、社会、国家政治，都在这一惰性下，循环起伏，交替兴衰。所以孟子在后面说："忧患兴邦，安逸亡身。"又说："入则无法家拂士，出则无敌国外患者，国恒亡。"一个国家，没有内忧外患，没有困难，就容易灭亡了。家庭、个人事业，又何尝不是如此？

孟子指出齐国这种"般乐怠敖"的风气，会为将来招致祸害，所以他到了齐国，力劝齐宣王行王道，不是没有理由的。他在这里对齐国所做的评论，就说明齐国该行王道的原因了。

于是他下了一个定论，也在人生哲学上给后世一个重要的启示，就是"祸福无不自己求之者"。个人、家庭、国家、世界的灾"祸"，未必是神力所降；至于"福"，也不是上天所赐，都是自己造成的。由此看来，有人会说，孟子不信神，不信上帝，不信菩萨。孟子究竟信什么？他是有神论或无神论，我们暂且不论，但是孟子这句话正是世界上任何宗教所奉行的最高宗教哲学。你信上帝，而不做善事，上帝也拿你没办法，上帝与你接不上线的；信佛的，就姑且算是唯心吧，但明明说心即是佛，此心不正、不善，求菩萨也是枉然。

撇开宗教不谈，福与祸不是外来的，的确都是自己求来的，求福则得福，求祸则得祸。行仁则是求福，不仁则会招祸，这是孟子此处的看法，也是今古不移的定论。

业由心造　命不由天

说到这里，孟子又举出《诗经·大雅篇·文王章》里说的"永言配命，自求多福"，这是千古流传，符合天命的真理名言。这两句话，只有八个字，但这是中国文化本有的精神，包括宗教、哲学以及人生生命价值的因果观，同时更是破除千古迷信的宿命论的重点。上古的文字非常简单，但内容非常深奥，如果是现在，这八个字可以写一篇博士论文了。

什么叫"永言"？永久千古不能变动的名言，万古长新，永恒的。"永言配命"，配合一般人对命运宿命的观点。一般人认为有一个不可知的力量做主，如上帝、佛、菩萨、阎王等，以为命运有鬼神做主。上古文化，老祖宗告诉我们是"无主宰"的，配合大家了解一切生命、天下、国家的大势命运是"无主宰、非自然"的唯心所造。

因此要想真正改变自己的命运，不是靠他力，不是靠上帝、佛、菩萨，是靠自己"自求多福"，这是破除一切迷信的真言。人，只要努力，一分耕耘就有一分收获。你感觉这个社会对你不适合,哪个朋友与你处不好,都是自己的原因。所以先反求诸己,反省自己,不要怨社会、怨朋友,要严格检讨自己,找出原因,这就是"自求多福"。如果自己不先反省,而先怨社会,怨朋友,又有什么用?反而会"自求其祸"了。

他又引证《书经》上《商书·太甲篇》说:"天作孽,犹可违;自作孽,不可活。"如台风、地震、水灾、旱灾、火灾等,这些天然的灾害,有时还可以逃得过;但是自己造的孽,如放、僻、邪、侈这些罪过,如影随形,逃不掉的。"不可活"的"活",《书经》作"逭"字,就是自己造孽所得的祸害,想逃也逃不了。所以《诗经》《书经》所记载的这些话,就是"祸福无不自己求之者"的意思。

上面所讨论的两节,在中国文化中,都是人生哲学、政治哲学的大经大法,以现代名词而言,是至高的真理。我们做人、齐家、处世,对这些原则都要特别注意。像前面说的,既怕潮湿,又偏偏要住在低洼地带,为什么不搬?自己不求转变,安于习惯,谁也帮不了忙。好像佛学所说的一样,明明知道众生皆是佛,我是众生,当然我也可以成佛。但是,我何以不能成佛呢?因为不能自己转变,所以别人也转不了你。

须知古今中外,任何政治理想的终极目的,都是要使社会安定,人民丰衣足食,进而求得富强康乐,达到国强民富,然后而至于天下太平,这是不易的定则。至于任何政治主张、政体制度,都是因时因地的救时方剂,都是为达到政治理想的最高公德的方法,但也是随历史社会的演变而变更,这些还是次要的事。

反之,即如孟子在前面《梁惠王》章中对邹穆公所说的,

"凶年饥岁,君之民,老弱转乎沟壑,壮者散而之四方者"的情况,再加上诸侯相互侵略,连年战伐,天下大乱,便是民不聊生的景象了。

其实,全部人类社会的历史,都在这两种大情况之下互相消长,反之复之,永远是如此矛盾发展的。

马克思,本是一个备受艰难困苦的穷书生,处在当时西方欧洲式资本主义的社会,感觉贫富悬殊的痛苦,便产生了他的《资本论》的经济分配思想,以为去掉了资本家的暴富,便可以得到社会的安定。他的见解,真可算是只见一面的光景,不能反观另一面的情况。他没有想到,今日会有劳资合作制度与社会福利思想的发展,这种合作与福利,将来也许会发展得更完备、更美好。但是"法久弊生",用得太过了,也会出大问题,这是未来不可预料,但也是当然的事。

不过,我们所要注意的是,假定未来的世界,每个国家、每个地区,物资分配不均已不存在,人人都富足康乐又无敌国外患的时节,试想,那样的社会、那样的时代,人们是否真能安分地享受富有的果实呢?富有之后的社会人心,如孟子所说的"般乐怠敖",便自然而然地会发生了。

那么,问题又来了,所以人类社会的不平、不得安定的原因,物质和经济的问题还是次要;主要的,还是唯心所致,是心理和欲望难以平、难以安的关系。这个问题,正是社会心理学,也可以说是纯粹哲学上的一个大问题。现在说来,一般人不大容易了解和接受,我只是特别提醒大家注意,预先对未来时代做个研究而已。现代人的学术思想很有趣,拼命研究《红楼梦》这部小说,几十年前,所谓红学,是很流行、很时髦的学问,甚至连毛泽东也是其中的一个红学爱好者。

《红楼梦》中描写的情况，是清朝乾（隆）嘉（庆）时代社会初得安定的反映而已。因为社会安定，家室富有，尤其在帝制时代的王孙公子、太太小姐们，一天到晚，吃饱了饭闲得没有事干，不想些特别花样来混日子，就会觉得人生闲得活不下去了。所以清朝中叶的名词人项莲生便说："不为无益之事，何以遣有涯之生。"这种心境，是确有其事的，绝对不是我们"生于忧患，死于忧患"的二十世纪中国人所能了解的。不过，现在这个矛盾的社会，很多有福气的太太先生们，闲得无事可做，不得不用打打麻将、跳跳舞、听听歌来排遣日子，这也就是"般乐怠敖"的道理。

所以说，古今中外的人文文化、历史哲学的问题重心，主要关键还是心的问题，并非是物质的问题。"天作孽，犹可违；自作孽，不可活"，所以无论个人与社会，有《红楼梦》大观园的繁华时代，如果不知检点，便有红楼梦醒时凄凉的后果。这是历史法则，历史的因果定律，必须特别注意。

历代帝制的心法

我们回转来讨论中国历史文化。在上古时候，儒道不分家，秦汉以后，儒道才分开为两家。但是儒道两家文化同根，都和孔孟所讲的原则相同，而且都是推行王道。为什么自秦汉以后，没有出现真正的王道政治，只有"以力假仁"类似王道的情形呢？我们且看一个历史故事，大致就可以了解其中的道理。

中国历史上最光辉灿烂的两个朝代，就是汉朝和唐朝。先说汉朝。汉高祖统一天下以后,称帝称王,后来在文帝即位后,汉朝的政治才真正上了轨道,史上著名的文景之治,便由此而来。但汉文帝用的是黄老之道,是道家的思想。实际上大家都知道文、景两帝,是"内用黄老,外示儒术"。尤其在汉武帝的时候,正式以儒家孔孟的思想为施政中心,所以汉朝的政绩非常辉煌。但汉朝的政治,究竟是用道家,抑或儒家?是行王道,抑或霸术?说句老实话,当然是霸术!到汉宣帝的时候,我们看看下面的记载:

> 汉宣帝甘露元年——皇太子柔仁好儒,见上所用多文法吏,以刑绳下,尝侍燕,从容言:"陛下持刑太深,宜用儒生。"帝作色曰:"汉家自有制度,本以霸王道杂之,奈何纯任德教,用周政乎!且俗儒不达时宜,好是古非今,使人眩于名实,不知所守,何足委任?"乃叹曰:"乱我家者,太子也!"
>
> 淮阳宪王好法律,聪达有才,王母张婕妤尤幸。上由是疏太子,而爱淮阳宪王,数嗟叹宪王曰:"真我子也!"常有意欲立宪王,然用太子起于微细,上少依倚许氏,及即位,而许后以杀死,故弗忍也。久之,上拜韦玄成为淮阳中尉,以玄成尝让爵于兄,欲以感谕宪王,由是太子遂安。(见《资治通鉴》卷二十七)

上面这段历史的记载,是汉宣帝与太子之间的情节。太子就是后来的汉元帝,他个性、处事都是软软的,心地比较善良。这种个性,即使看见杀鸡,也会觉得恐怖而不忍心的,同时他也喜欢儒家的孔孟之道。他看见父亲汉宣帝所运用的政治原则,是着重在法治，下面的一班大臣，也都是执法严厉苛刻，以严刑峻法来驾驭部下，并约束一般人的思想行为。对于这种情形，他看不下去。有一次，他陪父亲吃饭；在古代的宫廷之中，家人父子兄弟在一桌吃饭，也是不容易的。当皇帝高兴的时候，才把太子或什么家属叫来一起吃，叫作"侍燕"。有一次，元帝得到侍燕的机会，趁父亲高兴的时候，就态度从容、语气缓慢地，不敢以父子的私情，只是用君臣的关系，对他的父亲宣帝说：陛下，您现在以法治的精神治理国家，我看下面执法的人，最好用一般的儒生——现代语是用些学者。

汉宣帝本来一顿饭吃得蛮舒服，一听见这样的话，尤其是从准备继承政权的孩子口中说出来，一气之下，脸色都变了，饭也吃不下了。他对元帝说，我们刘家自有天下以来，自有我们刘家的体制，是王道和霸道混合应用的；不能只用王道不用霸道，也不会只用霸道不谈王道。怎么可以专用儒家的孔孟之道、只讲道德的教化？这是做不到的，不可能的！难道说，要把历史倒退，实行孔孟之道，用周文王、周武王的政治制度吗？时代已经不同了，如果现代实行周朝文王、武王时代的制度，那就糟了！

汉宣帝在盛怒之下，对自己的儿子说出了内心的真话。也可以说，这正是周朝以后，一直下来，汉、唐、宋、元，迄明、清，历代帝王的真传秘诀。

汉宣帝又批评当时崇尚孔孟之道的儒家，说：现代这一班世俗的儒生们，根本就没有头脑，都是一些不通时务的好古之徒。他们不懂人情世故，主观上有色盲，有偏见，喜欢说古代什么都好，现在什么都不对。其实，读书人是很容易犯这个毛病的。但是，现在的读书人，则不是说古代怎么好、现代怎么坏，而变成了外国的什么都好,中国的一切都不行了。

汉宣帝又说,这些读书人只是把这种听起来蛮崇高、美妙的理论,吹得天花乱坠,把人吹得头脑昏昏的,令人觉得愈听愈好听,而不知道把握政治上的要点、洞察当时的时代背景。这样的书呆子怎么可以做官?!怎么可以把政治交到他们手里去搞呢?

他说完这一段历代帝王治理国家大事的秘诀之后,叹了一口气说,我们刘家的天下,大概就要败在你的手上了。

从周秦以后历史的事实发展,证实了宣帝讲的话,相当真切实在。而且很不幸而言中的是,汉朝的政治,差不多就是从汉元帝开始走向下坡,开始衰败了。

因这一次的谈话,汉宣帝对这位太子留下了不好的印象,慢慢疏远他,而想改变主意,把皇位传给另外一个儿子淮阳宪王。不过,后来又经过一番周折,元帝才保住了太子的权位。

我们看了这段历史,再看以后的历史,唐、宋、元、明、清,都是儒家、道家、法家、纵横家、谋略家、王道、霸道杂用的拼盘,并不是绝对没有王道,那些治世的帝王也照样讲究仁慈。其实孟子在《离娄》章也说过:"徒善不足以为政,徒法不能以自行。"一味仁慈,不能把国家政治做好;只讲法治,则连自己走路都走不通。换言之,偏听医师的话,饭也不敢吃;偏听律师的话,路也不敢走;偏听佛家的话,做人也不敢做了。这也就是孟子这句话的引申。

汉宣帝的论评

汉宣帝说这段话的时候,虽然代表了他个人的意见,但也代表了刘汉政权的家法,同时也是过去历代帝制自雄的金科玉律。如果他不是帝王,一定会有很多学者起而围攻,尤其是以孔孟心法相标榜的后世儒者们,更会借题发挥,大作其文章了。倘使是一个平民,则将如宋朝苏东坡那般被打击,如明朝李卓吾那般被陷害,都是必然不可避免的。

我们不管所谓自认为正统儒家的看法如何,也不管历史上讲治道的政治家的看法如何,现在只取宋代大儒们一两位代表作的评语,以供大家参考。他们的原文很明白,一读而知,不必另做解释,以免牵扯太多,讲到题外去了。

司马光的评语:

> 王霸无异道……其所以行之也,皆本仁祖义,任贤使能,赏善罚恶,禁暴诛乱。顾名位有尊卑,德泽有深浅,功业有巨细,政令有广狭耳,非若白黑、甘苦之相反也。汉之所以不能复三代之治者,由人主之不为,非先王之道不可复行于后世也。夫儒有君子,有小人。彼俗儒者,诚不足与为治也,独不可求真儒而用之乎?
>
> ……孝宣谓太子懦而不立,闇于治体,必乱我家,则可矣。乃曰王道不可行,儒者不可用,岂不过哉!殆非所以训示子孙,垂法将来者也。

张南轩的评语:

> 自高祖取天下,固以天下为己利,而非若汤武吊民伐罪之心。至其立国规模,大抵皆因秦旧,而无三代封建井田公

共天下之制。其合于王道者，如约法三章，为义帝发丧，要亦未免有假之之意，则其杂霸固有自矣。夫王道如精金美玉，岂容杂也，杂之则是亦霸而已矣。文帝虽天资为近，亦杂于黄老刑名，考其施设，动皆有术，但资美而术高耳。至于宣帝则又霸之下者，威文之罪人也。西京之王自宣帝始，盖文章养民之意，至是而尽消靡矣。且宣帝岂真知所谓德教者哉！而以为不可用也。如元帝之好儒生，盖窃其近似之名，委靡柔懦，败坏天下者其德教之云夫！惟王者之政，其心本乎天理，建立人纪，施于万事，仁立义行而无偏弊不举之处，此古人之所以制治保邦而垂裕乎无疆者。后世未尝真知王道，顾曰儒者之说迂阔而难行，盖亦未之思也。

再说，自周秦以后，一直到清朝末年为止，在我们两千多年的历史上，纵然经过多次的改朝换代，但是中国的文化思想却始终一贯，并没有多大的变动。至少，在过去是如此，都是效法三代以后家天下的帝王制度。所谓改朝换代，也只是政权上的转移，除了执掌军政、在人事制度及职官的称谓上稍有变更外，其君臣之道的办事精神，也是依然如故。这种文化思想与历代政权的结合，始终都是标榜孔孟儒家的王道政治，表面上始终一贯，不敢违反。事实上，它的真正内幕，司马迁在《史记》的笔下，已经隐隐约约、含含糊糊地指出，都是以权力假借仁义，而实行其王霸道，也就是儒家、道家、法家、纵横家等各家学说掺杂互用的治权。最明确而具体说明的，只有汉宣帝前面一段真正的老实话。由此历魏、晋、唐、宋、元、明、清，走的都是这条路线。最后，做得最精彩、有声有色而远超历代的，莫过于清初康熙、雍正、乾隆三代。所以他们清朝，在前面一百多年的文事武功，都大有可观之处。

至于宋儒，如司马温公（光）、张南轩、欧阳永叔（修）等诸大儒所标榜儒家政治的王道理想，说实在的，也只是承继传统儒家的思想，止于理想的领域而已。说不好听一点，也无非是推崇孔孟，而仍在臣道上自我陶醉一番而已。碰到精明如汉高祖、唐太宗之流，一定肚子里隐隐暗笑，觉得是尽入我彀中了。坦率暴露一点便如曹操，干脆叫明了；除非像宋太祖赵匡胤的宋代子孙们，可以听进去一半，相信一半。但对于宋代的历史政权，并无好处，毕竟还是未能达到统一。

许多同学喜欢讲历史，喜欢读《资治通鉴》等史书，高谈阔论，煞有介事，觉得蛮好玩的。有一次，我对一个同学说，你喜欢读历史，读多了历史，尤其是多读了中国的历史如《资治通鉴》一类，会害了你们。这位同学听了很诧异，红着脸说，怎么读历史会受害呢？我说：我不是说读历史不好，只是要你明白。为什么呢？过去中国历史的著作，是偏重在标榜圣君贤相的人治，你多读了历史，不知不觉间，就隐然有以圣君贤相自命的味道。等于每个人看小说、看戏，往往把小说里、戏里好的主角，隐然自比起来。你总不肯自比成戏里的那些坏蛋吧！一个平平凡凡的好人，居家处世，居然在心理上无形中模仿了圣君贤相以自命，岂不自招其祸、不伦不类吗？

人人都说《资治通鉴》好，事实上，也实实在在真好。可是，司马光写的这一部通史，它的主要重心，是给当皇帝的人看的，是用来教育皇帝的教科书，所以叫作"资治"。资就是帮助、帮忙、资助的意思；治便是政治。它是教皇帝对于古今政治上的得失成败好好研究，好好以这部历史来做借镜，做榜样，做反省的。你我既非龙种，又非相才，读史便要小心，不可强自入于圣君贤相之列才对。此外，什么《贞观政要》《大学衍义》等书，也都是教皇帝的教科书，理由也是一样。所以我们举出宋代两位大儒对汉宣帝这一段话的评议，只因它们的重点，是着重在学理上的，并不评价事实。至少在过去的历史文化是如此。不过，这些都是过去的，至于今后的历史，又要另起更始，又当别论了。

孟子的财经观念

> 孟子曰："尊贤使能，俊杰在位，则天下之士，皆悦而愿立于其朝矣。市，廛而不征，法而不廛，则天下之商，皆悦而愿藏于其市矣。关，讥而不征，则天下之旅，皆悦而愿出于其路矣。耕者，助而不税，则天下之农，皆悦而愿耕于其野矣。廛，无夫里之布，则天下之民，皆悦而愿为之氓矣。"

到这里，孟子又再说出"尊贤使能"的话，可是要如何来"尊贤"？这便要建立法制。假如只是表面上表扬一下，则不尊也可以。究竟要如何"尊"呢？则因人、因时代、因政治制度、因社会环境而有所不同。孟子只是在原则上说要尊而已。至于"使能"，那当然是指应该使用能干的人才。我们只要看近代史，清朝以少数民族治理了当时四万万人口的中国，维持了两百多年的政权，而且在康熙、雍正、乾隆三代，其盛况不下于汉唐。其中有一个原因，便是他们懂得人治的原则，对于学问道德好的人，所谓贤良方正、博学宏词一类的人物，就送到翰林院，供养他们去念书，甚至抄书。那些《四库全书》，都是翰林学士们手抄的。这些人读了一辈子书，官那么大，名望那么高，而所做的事情，却只是坐在那里抄古书。这办法可妙极了！一部古书，每人要抄写四份——四部。正楷字一个个抄，抄错了还算欺君、不尽职，因此就非慢慢地抄不可。有些书起码要抄好几年。一个人在四五十岁，考了功名，做了翰林学士，抄上一两部书，也就要退休了。

古时没有老花眼镜，牙医也没有现代高明，像韩愈年未四十岁，就"视茫茫而发苍苍"了。就是清朝的一些翰林学士们，也差不多如此，头上光秃秃的，发辫也编不起来了。而对于有能力可以办事的，就放到外面去做官，办实际政务；至于翰林出身的，那真是光荣之至，而且地方官在同僚中，也是另眼相看。清朝的皇帝们，在这方面的确很高明。对于有能力的官，稍稍贪一点钱，他们装糊涂，假装不知道。只要能为国家、为老百姓做事，小贪是不碍事的。于是上下皆大欢喜，更可实心办事。当然，贪得太大就不行了。这就是清朝的"使能"方法，并要俊杰在位。总之，凡是有才能的人都任用，不浪费人才。所以有学问、有才能、有技术的人，一定有事做。这样，天下的英才都能够尽其用，那么天下的人，也都高兴替你这个政府服务了。

但孟子接着上面一段讲人事行政之后，为什么对于执行财政经济的人事，又指出"尊贤使能，俊杰在位"的话呢？对于贤能的政治人才的分别，我们在前面的研究已经说过，现在他又提出中国古代人才分类学上"俊""杰"的名词来了。什么是俊？什么是杰？定义很难下。不过，在古代的道家与杂家、兵家、纵横家的书上，常常会遇到这些人才分类的名词。所谓英、豪、俊、杰等的含义,最明显的,如学者们所谓的伪书——黄石公的《素书》上,便分列得很清楚。其次,如《人物志》等各家杂说也都有。不过,孟子在这里本来要讲到一个国家在财政、经济上的田赋税收、关税等问题,却在贤能的原则之下,特别提出俊杰的名词,看来似乎另有一层道理,的确是别具深意。

我们只要仔细研究二十六史,就可发现历来财经人才之难得,正如一个大政治家的产生一样,值得庆贺。这种特别擅长于财经税务的人才,的确需要特殊的俊杰才能。而且大致说来,如姜太公、管仲,是古代的大政治家而兼大经济家。等而下之,例如汉代的桑弘羊、卜式之流,唐代的刘晏,明代的张江陵,清朝洪杨之乱时的钱江等人,不管他们的人品道德如何,但他们对于财经问题的处理,的确具有俊杰的才能。

孟子继续提出了当时四项财经问题:第一是"市",就是上古市镇、市场的由来。古代的社会,大家定期集中在一个地方,以我之所有的物品,交易我之所无的东西,这种以物易物的交易方式,就是后世"贸易"名称的来源。慢慢社会发达,人事繁复,贸易的交换方法不方便,便发明了货币,开始了商业行为。到了战国时,已形成许多城市了,像齐国的首都临淄,是政治中心所在,也是文教、经济的中心。孟子看了齐国的财经制度,提出建议,认为以经济为中心的市场,应该采取"廛而不征"的办法。

在这一节文章中,有三个"廛"字,各有不同的意义,到底是指什么?颇难考证。古人的批注,只说前面的"廛"是活字——动词,后面的"廛"是死字——名词。但"廛"到底是什么?因为古今制度不同,很难加以解释界说。勉强与现代的制度相比，大约相当于现代的鱼市场、家畜市场、蔬菜市场，也有点像是现代设在香蕉产地的青果集散场。如此分门别类，专做某一产品的交易，生产者将自己的产品，送到这里成交；政府则依其使用房屋面积及时间，或依产品的数量，或依盈利的数字，收取费用。此种费用有时是租金性质，有时是规费性质，有时是抽取所得性质。大约设廛的产品，也不得在廛外交易，所以有时又有统一收购，或有公卖制度的性质。

我们现在不去管齐国的廛是如何获得财税的，只看孟子在这里的主张，认为如果用"廛"做交易货品的征收税法，就不要再征其他捐税了；而对于已经制定法令管制征税的产品，则不要再规定参加廛的交易制度了。这样商人们都高兴到你的市场上来，物资就不虞匮乏了。

至于"关"，在古代原来是在通往邻国的要道隘口设关驻兵的国防措施。在两国无争、和平往来时，就成为对外进出货物、收取货税的地方。孟子这里主张在关口上对于进出的货品，只查一查，登记一下就可以了；或者大概议价一下便通过了，所谓"讥而不征"，不必要在关上收税。这和现代所谓自由港、自由市场的制度差不多。他说如果不收关税，那么天下的商旅——行商和旅客，都高兴到你的国家来了，自然就可增加国家的财货流通和繁荣。

在农业方面，孟子主张让耕田的农民协助耕种公田，不再收他们的租税。这样一来，所有的农民都喜欢到你的国家来，在郊野开垦荒地，于是你全国耕地面积增加，粮产就丰富，不怕荒年之厄了。犹如一百多年前在东北的荒凉地区，大地主们欢迎大家去开垦，在开始三年之内，不收租，不缴粮，初步，还要帮助你牛马耕具粮草等。这种要你尽量开发的情形,很有相似之处。

第三个"廛"字,可以说是名词了。就是说在"廛"这种地方,因为已经有繁荣经济的作用,国家已在这里获取了财政上的收入,就不应该有"夫里之布"了。什么是"夫里之布"呢?据《周礼·地官·载师》记载:"以廛里任国中之地……凡宅不毛者,有里布;凡田不耕者,出屋粟;凡民无职事者,出夫家之征。以时征其赋。"

古代的制度,鼓励大家做事,人人都要有工作,不可偷闲,如果有房屋不利用,就缴"空屋税",有田不耕就要缴粟米,不做事的要去为公家服劳役。里布相当于后世的罚金,布也是古时一种货币名,古代有"布刀"这种货币,而现代的"币"字也从"巾"。孟子说如果这样,则天下的老百姓,都愿意到你的国家来,入你的国籍,做你的国民。

从孟子这些主张中,我们可以了解,在当时的诸侯各国,对于民间赋税的征收,的确是有重复税率的情形,所以他才提出这些理论和主张,以求改革。

我们平常多半误认为儒家思想、孔孟学说,只讲仁义道德,不重财经建设,所以不切实际。而现在读了《孟子》这段文章,我们便可知道,古代的先儒,不但很重视财经问题,而且了解得非常深入,见地也非常高明。

崇祯安得不上煤山

其次,在中国的财经史方面,如果有人研究历史,作一部中国财经赋税与政治得失成败关系史,便可以看出过去的历史,一个朝代每逢衰败没落时期，财经赋税是如何的紊乱不堪。政治与经济、财政，是相辅相成、互相为体用的，只要熟读《管子》的名言理论，也就可以大致明白其中的三昧了。三四十年前，很多学者喜欢研究明史，我也曾经碰到一个美国来华的留学生，他也是研究明史的。当时觉得这个外国青年很有趣，我问他是研究明史什么问题，他说是研究明末的变乱和李闯、张献忠的问题。不过，我们现在讲到孟子的"尊贤使能，俊杰在位"一节，便接连出现"市廛（市场）征法"和"关税里布"的问题。在此随便举历史上明末衰乱与清朝初兴时期财经税务问题，作为大家将来仔细研究孟子思想学说的一个参考。

明朝到了神宗万历时期，满洲在关外称兵倡乱，也就是《明史》所谓的"辽东兵兴"开始。因为军需的必要，当时兵部的预算，便需要增加饷银三百万两。此时明朝政府的国库已经相当短绌；但是，皇室宫廷的私库，却还有上亿之多的财产。户部尚书李汝华向皇帝提出报告，请拨宫廷内库的银两出来帮助军饷，神宗却不答应。结果只好尽量搜括各省库存的积余款项，追征民间的欠税和各种赋税，才能勉强支应一个时期。但是不到一年时间，又需征兵支持前方，军费仍然没有着落，户部再次上奏，请求调拨各省税银来充军费，神宗就干脆来个相应不理了事。宫廷这个作风，一直到崇祯都是如此。至于那些富有的皇亲国戚，更不肯自掏腰包输家纡难，只想自保，不肯为国出钱出力。因此，户部只好提出另一个方案，还是再增加赋税，自贵州以外，天下田赋每亩加征银子三厘五毫，这是专门供给军事费用的。据估计，以田亩来计算，每年可以征收到饷银二百万两以上。

此例一开，便弄得民不聊生，人心大失。可是还不止于此，以后只要碰到用兵需要经费，便照例再来加征田赋。因此弄得只要有田，便要倒霉，无论在战时或平时，谁也不肯买田置产，平民都愿意做流民。等而下之，吏法不良，基层官吏横征暴敛，只要看到你有种田的锄头，便认定你是地主，硬要追缴欠税，结果弄得流寇四起，江山不保。但当流寇入京时，不要说宫廷内库被抢光，那些富有的皇亲国戚不可计数的财产，也统统完了。看了这一段历史，不要说别的，只要张居正还在，便不会使神宗这样做，不会使明室的财经吏治弄到如此地步。此所谓"俊杰在位"，有如此的重要。

后来清朝入关，深切了解明朝的得失成败原因，康熙在位第三十八年，便颁布了一道特别命令，告诫后代子孙，永远不准加赋以增加民间的负担。所以清朝后来两百多年的田赋，使用一条鞭法，也是安定爱新觉罗政权的重要因素之一。

再说，清初康熙时期，花费在外廷的军事费用，和明代差不多。而在宫廷费用上，却大力地审核裁减。康熙三十年以来，宫廷花费的总数，还不及明朝某一宫的一年费用。所以他能够三次御驾亲征漠北，平定三藩之乱，都不需顾虑财经上的匮乏。到了康熙末年，部库盈余还有八百万两之多。

雍正时期更加节省，又尽量爱惜物力，内廷食米储蓄有余粮数千石。所以连年对西域青海的用兵，纵然支用了大半国库，但还存余有四百余万银两。

乾隆继位以后，仍然秉承祖制，戒侈靡，示节俭。纵然在军费上也因屡次用兵开支很大，但还能四次普免天下漕运，两次普免七省漕运。他又先后六次巡幸江南，规费不下二万两，但是国库仍然充实。

这使人想起古代历史上记载的：卫文公提倡节约，自己穿布衣；汉文帝也是躬履俭约，结果使全国储粮的太仓之粟，年年都有剩余的陈米吃不完；太府（国库）的存钱用不完，搞得串钱的绳子，常常因陈旧腐朽而断。宋代自太祖赵匡胤开始，便很节省，后来的仁宗、英宗也差不多，所以史称宋初财经积封桩之钱数百万，而三司所存尚不计算在内呢！

可是清朝到了咸丰年间，太平天国兵起，国库已被那些权臣们挥霍得差不多了，军需费用也是没有着落，但是咸丰还是坚守清朝的祖制，仍然不敢增加赋税。所以中兴名臣如曾国藩办团练，起义兵，自筹经费，艰难困苦之极。据说，跟随洪秀全起义的军师钱江，脱离了太平天国以后，才为湘军提出一个办法，创办厘金的制度，病商而不病农，才得以解决湘军和后来淮军的军费问题。

据我所知，清朝被推翻以后、国民革命军北伐以前，在北洋军阀乱政的那一阶段，我们的偏僻小县，还仍然依照清朝遗留的田赋一条鞭法，不过厘金也要征收，关税也要征收，另外还加了许多税捐的名目，也是苦不堪言。好在北伐成功，这些苛捐杂税稍得整顿的机会。谁知革命尚未成功，跟着便是日寇侵略，八年抗战。

我们今天读《孟子》，眼见社会富强康乐，深深体会亚圣孟子千古不易的名言法语，真有无穷感慨。

"信能行此五者，则邻国之民，仰之若父母矣。率其子弟，攻其父母，自生民以来，未有能济者也。如此，则无敌于天下。无敌于天下者，天吏也，然而不王者，未之有也。"

到了这里，孟子先做一段结论。他说，一个诸侯之国应该做到：第一人才济济，都是贤能俊杰之士；第二商业安定，经济繁荣；第三各国商旅愿意前来，国际贸易发达；第四农产增加，耕地面积扩大；第五不重复征税，发展公卖事业的合作社。如果这五项财经措施都做到了，那么连邻国的国民都敬仰你，像敬仰自己的父母一样，对你也会产生向心力了。那时候邻国的国君要想率领人民来侵伐，就像率领子弟去攻击他们的父母一样，自从有人类到现在，从来没有成功的。如果做到了这样，天下就没有可与你为敌的人了。假如这样而成为天下无敌，那就是代天行道的父母官了。孟子用"天吏"这个名称，来强调政治上行仁政的人道和天道、天理的关系。所谓"替天行道"，本来是政治哲学上一个很好的名词，后来被梁山泊的柴进、宋江他们挪用，在大家的观念里，便带了强盗行径的意味，成为不好听的名词。实际上替天行道，就是按天理行事，做事行事符合天理。孟子说，如果这样还不能够称王天下，那是不可能的。

看到这里，我们就可以知道，这一段还是孟子回答公孙丑所怀疑的"以齐王，由反手也"这个问题的发挥。

不忍心问题

这里我们要开始讨论所谓"不忍心"的问题，这个问题和前面"养心""养气"的问题同样重要。

孟子曰："人皆有不忍人之心。先王有不忍人之心，斯有不忍人之政矣。以不忍人之心，行不忍人之政，治天下可运之掌上。"

这一节的主旨，是孟子对于仁心、仁术的阐扬发挥。以现代的观念而言，就是讨论发挥人性善的一面。人性的心理行为扩大来说，一起心，一动念，表现在政治上时，可以左右政策，造成很大的影响；缩小范围来说，每人在日常生活中的外在表现，便是心理行为的作用，对人对己也有影响。

我们在《梁惠王》章下篇曾经说到孟子和齐宣王讨论过的问题，就是因为要涂牲畜血在新铸的钟上面，而引起了为什么不杀牛只杀羊的仁心问题。孟子借此发挥，说明施行仁政，是以不忍人之心的心理行为做基础。现在在这里，又就此论点扩而充之，做一比较详细、深入的发挥，也就是这节书的重点。

我们看看二十世纪新兴的比较哲学，就是将东方、西方哲学，做比较研究的新课程；另有比较宗教学，是将东、西方宗教学说思想做比较研究的课程。无论站在比较哲学还是比较宗教的立场来看，对于中国文化的孔孟思想，尤其孟子这里所说的"不忍人之心"，在东、西文化上是完全相通的。在名词上，孟子称做"不忍人之心"；在西方宗教或哲学方面的名词，就是"爱心"；在佛教的名词，就是"慈悲心"；而孔孟儒家的哲学思想中，则叫做"仁心"。现在孟子提出来，所谓"爱心""慈悲心""仁心"都是由"不忍人之心"出发的。

这里须特别强调注意的，是人的"心理行为"问题。中国自汉唐以后，历代在宗教方面、在哲学方面，大家常使用一个名词——修行。尤其现代学佛的人特别多，大家都讲究修行。什么是修行？并不是打坐、做功夫就等于修行；这和"修行"的真正意义，还有很远的距离。真正的修行，包括修正心理行为，修正自己的起心动念，修正自己喜、怒、哀、乐的情绪等，也就是心理思想上、生理变化上、言语行为上毛病的修正。所以在佛学上名之为"转识成智"，就是修行的道理。

一般人的打坐，不过是修行的一个入门方法与练习，也就是佛家所说的"克念"。把念头克服了以后，在打坐当中转化；然后扩而充之，才能转化自己的各种心理行为。假如没有转化心理行为的功力与智慧，则所有一切修行都是白说空话，也就是如前面提过的贯休和尚的诗："修心未到无心地，万种千般逐水流。"无心的境界，并不是像一根没有知觉的木头，而是一切清净无为的境界，如果不修到这种境界，那么"万种千般逐水流"，都是空的，没有用。这里顺便提出来希望大家注意，不要轻易放过孟子这里的话，误认为它和形而上的"道"没有关系。否则，不但不懂孟子，也会不了解心性之学的重点，同时也就不认识自己！

现在我们再就《孟子》的原文加以研究。

孟子说"人皆有不忍人之心"，这是一个主旨，是他开头的第一句话。《孟子》这一节，是不是和上面公孙丑连贯讨论下来的？还是孟子又一次讲"不忍人之心"？究竟如何，我们无法考据。但是它被放在《公孙丑》上章这一节中，那么它的意义，必定与前后文有连贯性，不可割裂。换句话说，也是对于孟子最初答复公孙丑、主张推行仁政的重要，在这里做一个结论。

孟子首先提出一个原则——凡是人，天生的就有不忍人之心。他这里并不是说不忍心，而是说不忍"人"之心，要特别注意到"不忍"这两个字下面的"人"字，这是他偏重于"人道"，特别注意人与人之间的不忍之心，并没有说人皆有不忍"物"之心。至少在这个地方，初步指出人与人之间的不忍之心，但是，孟子还没有把对人的不忍之心推广于万物之上。

现在我们要讨论，是不是人人都有"不忍人之心"。这是一个问题。正如将来要讨论到的，人性本来究竟是善的或是恶的问题一样。我们这里先讨论，人人都有不忍人之心吗？老实说，我们不知道。譬如说，婴儿的心是善的吗？孟子说是善的；荀子则主张人性是恶的，人之所以为善是由后天教育培养出来的；告子则主张人性是不善不恶的，其为善为恶，都是受了后天环境的影响。所谓"点点杨花入砚池"，"近朱者赤，近墨者黑"，这些都是属于形而下学，在后面我们还要详细讨论，现在只是大略地提一下。这里的不忍人之心，和后面的性善、性恶的问题，有绝对密切的连带关系。

那么人天生下来是不是都有不忍人之心呢？严格分析起来，这是很难下定论的。假如我们以后天的婴儿来做例子，主性善的，则说婴儿都是善良的；主性恶的一派则说，假如是一对双胞胎，同时在哺乳，在没有吃饱时，往往会推开另一婴儿，而去抓住另一乳头。这时婴儿没有不忍人之心，只顾自己要吃饱，不管别人饿不饿。这些都是千古以来下不了绝对定论的问题。而孟子在这里强调，不忍人之心人皆有之，现在我们暂时不下结论，先看看孟子下面的话。

他说："先王有不忍人之心，斯有不忍人之政矣。以不忍人之心，行不忍人之政，治天下可运之掌上。"中国文化一向标榜今不如古,尤其是标榜先王之治。所谓先王,不是特定哪一个王,而是泛指中国上古的传统文化,把那时的圣人们都概括进去了。他们因为天生就有不忍人之心,有爱心,所以都做到了爱人的政治措施。因为有这种内在的不忍人之心做基础,表现在政治上,成为不忍人的政治行为,自然受到人民的拥护。因此上古的先王们治理国家天下事,就好像放在手掌心一样,可以随心运用,等于我们手上拿一个打火机,可以随意使用一样。就这样很容易地可以把国家天下治理好。

孟子这里强调,上古时的帝王,所以能够那么轻易地把天下国家治理得那么好,是由于实行了仁政。而实行仁政根本上要有不忍人之心——也就是仁心、爱心做基础。

由四端看人性本善说

"所以谓人皆有不忍人之心者:今人乍见孺子将入于井,皆有怵惕恻隐之心。非所以内交于孺子之父母也,非所以要誉于乡党朋友也,非恶其声而然也。"

孟子在这里,为人人都有不忍人之心这句话,举出一项事例来做说明。假如我们看见一个四五岁左右的小孩要掉到井里去了,任何人都会心里一惊,巴不得一伸手就把他从井口拉回来。而人处在这种心理状态的时候,那是没有条件、没有利害关系、也没有任何要求的。这并不是想向他的父母讨好;也并不是希望得到社会的表扬,或者邻居、亲戚、朋友的恭维称誉;当然更不是因为怕听到挣扎喊叫的声音才想去救他。从这类事情看来,就证明人人都有不忍人之心。

其实,孟子举的这个例子,在人类当中,大体是如此。也可以说,仍有少数的人,心肠很硬,恶性重大的,看到这种情形,也有不会动心的。其次要注意的,这是不忍人,不是不忍物。假如看见一只老鼠掉下去,反而还会拍手叫好呢。不过绝大多数人是有不忍人之心的,而硬心肠或恶性大、见人落井不动心的人,到底是少数。我们不能以少数人的例外,而否定大多数人所具备的这种善心。

在许多辩论性善性恶的书籍文章中,凡是主张性恶一派的,所举的例子都是对物而言。说到这里,顺便想到医学研究上,往往以猴子、兔子、白鼠等动物来做实验,或做解剖研究。近代有些人对这种研究工作非常不以为然,认为这是不仁的。最近印度人对于解剖猴子的研究工作就提出反对的意见。

这里孟子说的是不忍人之心,是先对"人"不忍,然后推及于物,没有办法同时兼顾,要一步一步来,所谓亲亲、仁民,而后爱物。在医学上以动物做实验,也是基于不忍人之心而来的,并不是对这些动物不怜悯,实在是不得已而为之。台湾的医学院,每年举行动物慰灵祭,就是这一精神的表现,不要看做是迷信行为。

这些都是正反两面的理由,我们很难为它们下一定论。因为这些牵涉到的事实和问题,已经属于人类形而下的行为了。本来形而下的是非善恶,就很难下定论,只能取其大体而言。孟子所谓的善心,也是大体而言。

"由是观之,无恻隐之心,非人也;无羞恶之心,非人也；无辞让之心，非人也；无是非之心，非人也。恻隐之心，仁之端也；羞恶之心，义之端也；辞让之心，礼之端也；是非之心，智之端也。人之有是四端也，犹其有四体也，有是四端而自谓不能者，自贼者也。谓其君不能者，贼其君者也。"

孟子举出人类心理善良一面的例子以后，又提出人伦道德上四种最基本的心理行为。

第一，凡是哀怜别人、同情别人，对别人的苦难不忍看下去的，都是恻隐之心，就是慈悲心。没有这种恻隐心，则不能算是人。第二，没有羞恶之心的，不能算是人。羞恶之心，也就是所谓的惭愧心、廉耻心。第三，没有辞让心的，也不是人。他说人天生有种好的心理行为，像懂得谦让利益、推辞好处等。譬如大家同桌吃饭，尽管这一道好菜，最后终于要落到每人的口中，但大家必定先有一番辞让，如果没有这番辞让之心，菜一上桌，就不管别人，把好的抢先往自己口里送——非人也。第四，没有是非之心的，也不是人；是非都分不清楚，当然不叫人了。白痴不能叫做人，婴儿不能分辨是非，当然也不能算是人。因为这四种心理，婴儿都没有，所以只能叫婴儿，不能叫大人。

有人说，婴儿又叫赤子，那么婴儿之心应该就是赤子之心了。而赤子之心，向来被人推崇，也是被孟子所赞许的。如果婴儿没有这四种心理，那算是赤子之心吗？其实不是，赤子之心是别有含义的。应该说，赤子之心是人性的光明面、善良面，是静态的体象，属于后天的内在——这里暂时不谈先天本体。这里孟子说的这四种心理，是由静态的变成动态的心理行为。

上面这四种心理行为又称为"四端",四个大方向的发端。古人讲这四端,往往配合《易经》的道理来说,就是"太极生两仪,两仪生四象"。于是说立天之道为阴阳,立地之道为柔刚,立人之道为仁义。这就是所谓的"太极生两仪"。至于"两仪生四象",这四象也推而广之为天的四个现象、地的四个现象,以及人生的四个现象。古人这一说法未免太笼统,我们现在强调说明的,是人的四个基本心理行为。

孟子自己对这四端的解释非常好,他说:"恻隐之心,仁之端也;羞恶之心,义之端也;辞让之心,礼之端也;是非之心,智之端也。"这几句话非常重要。儒家的学说,几千年来讲心理行为,乃至扩展为政治的心理行为,都非常强调这四端的重要。仁的行为是由恻隐之心发端的,义的行为是由羞恶之心发端的,礼的行为是由辞让之心发端的,智的行为是由是非之心发端的。所以一个人的仁、义、礼、智四种好的行为,就是这四种心理的扩大。

孟子说到这里的时候,又拉回去,谈到前面与公孙丑所说的行仁政的问题。他说:人本来具备了这四端,等于生下来就有四肢一样,能够做事走路,这是一定的道理。既然人本来就具备了这四端——四种心理行为,而对于行仁政却说做不到,那是他自暴自弃,自己欺骗了自己,害了自己。假如一个做人家臣子的人,说他的领导人不能行仁政,那他就是未合臣道、未尽辅助之责,这样就等于害了他的领导人,"贼其君者也"。

"凡有四端于我者,知皆扩而充之矣。若火之始然,泉之始达。苟能充之,足以保四海;苟不充之,不足以事父母。"

这里孟子为开始的"人皆有不忍人之心"这一节话，做了一个结论，这个结论做得非常好！现在我们暂且不谈他自己的结论，先对他的这一节话做一个回顾。

他主张人的后天心理行为本来就具备了深厚的善良面，就是仁心。仁心在哪里？他举例说：人如果看见一个小孩快要掉到井里，大家都会有"怵惕恻隐"之心，要想办法去救援，这就是人心善良面的表现。然后他具体指出，凡是人，每人都具备了四种良好的心理行为：恻隐心、羞恶心、辞让心和是非心。说到这里，我们对这四种心理也要有适当的认识和调配。在恻隐心来说，等公共汽车时，你看到别人挤车的痛苦，一味地以恻隐之心，让人先上，结果你自己总是上不去，这也不行。再说羞恶心，一个人好胜好强，这是起于羞恶之心，本来是好的，但好胜好强过了头，反而不好。是非心也是好的，基于善恶心而来，可是不知道调配，结果疾恶如仇，非要以怨报怨不可，也未免失于恕道。辞让心也是好的，但是调配不当，就变成了窝囊。所以只要运用得当，不要过分，这四个原则的确都是好的。

他接着又强调引申这四个原则，就是仁、义、礼、智的四端，是中国文化的基础，也是王道仁政的由来。

孟子现在的结论来了，他说，虽然有这四种善良面，可是还要加工，也就是佛家所谓的"加行"——要加工修行。怎样加工？"扩而充之"，学问修养之精进完成，都在这四个字上。他说"凡有四端于我者"，他这句话写得很好，读《孟子》百遍，才发现孟子这句话之妙。这一章一开头他就说"人皆有不忍人之心"，话好像说得很武断，我们也曾经有所怀疑，认为大体如此而已，不一定人人皆有。而这里说"凡有四端于我者"，对这句话，我们举手赞成。这句话的相反意见，就是说有些人不是人，有些人也许没有四端啊，有些人具备了四端，但也有程度上轻重的不同。这里他说，人要认识自己，凡是有四端于自己的"人"，就要在修行、修养的功夫上，培养自己这种善良的心理，使它扩而充之。如果不知道去培养、去扩大的话，那等于没有一样。尤其学佛的人，口口声声说慈悲，而实际上并没有将慈悲心培养扩大。在儒家来说便是修养上的不够了。

在文章的气势上，他那读来颇为武断的"人皆有不忍人之心"，到此来一个"凡有四端于我者"，犹如八股文之起、承、转、合中的转法，极其自然，不露痕迹，又非常动人。我想可以借用《西厢记》中的一句曲词来形容："怎当他临去秋波那一转"，这种文章技巧，年轻人不要随便把它放过了。

他继续一转，结论出来了："*若火之始然，泉之始达。*"在你心里，本来有一点善心，等于有一点火光，你把这火光点亮、放大，就变成大光明了。也如泉水一样，把泉源扩大，渠道修好，泉水就汩汩而来。这慈、悲、喜、舍扩大了，仁、义、礼、智的修养，四种心理行为就大了。假使能够扩而充之，成为政治心理的行为，就足以保有四海，这就不止是统一天下而已。统一天下容易，统一了以后，能不能保有，那就大有问题。周武王统一了天下，保有了八百年；秦始皇也统一了天下，但却只有十几年的时间，到儿子手里就失去了。这是鲜明的对照，说明保有守成是很难的，但扩充了这四端，就可以保有。假使不扩而充之，一般人即使有这种善良面，如果没有经过修养，或者没有受过教育，是不会扩充的。如果所受的教育不对，走入了岔路，那一点火的亮光就熄了。像有些独裁政治的斗争思想，早就把原来那点人性本源的火光熄灭了。从这里知道，孟子非常注重后天的学问修养，所以他说，假如不能扩充这四种心理行为，那么连做人最起码的条件都做不到，对父母所应尽的孝道也都无法达成。

生活技能与道德

上面这一节，是后世学者们讲心性之学与心理行为时，经常提到而且非常重要的问题。

前面曾提到过，明代一位理学家罗近溪，修道打坐，修到后来出了毛病，遇到颜山农告诉他，这样不是道，要扩充四端才行。所谓四端，就是孟子在这里所说的四端。不只是颜山农对罗近溪这样说，宋明理学家们很多地方都提到要扩充这四端。《孟子》这一节，影响唐宋以后的中国文化，成为中国文化中仁心仁术的重点所在。

或许有人会问，我们现代人对于这四端该如何去扩而充之？这就在于各人自己了。事实上，日常生活中，随时随地，言谈举止之间都可以去做。至于具体的方法，古今以来无人详细列举，仍须靠自己慧思体认。怎样做是对，怎样做不对？要随时反省，随时修正自己的内心与外在的行为。

也有人读《孟子》至此，怀疑这里所说的"心"，是否即佛家所谓清净本然的本性。这是扯不上关系的两回事，佛家所言，是形而上的本体，孟子这里所讲的，以及儒家的性善、性恶之论，是形而下的后天之性。后世儒者每每把形而上的本体之性，与形而下的后天人性混淆在一起，没有分清界限。实际上，孟子说性善，荀子说性恶，告子说不善不恶，所举的例子，都是人类有了生命以后的，后天的形而下的心性。如果以这一套来讨论佛家所谈的形而上的心性，根本上是隔靴搔痒，摸不到边的。

佛家所讲的"性"，是万物还没有形成以前的那个本体的代名词，是非善非恶、可善可恶、能善能恶的。至于儒家，千余年来对人性善恶的研究，有些人往往把形而下的是非善恶，解释到形而上的心性本体。西方文化也是如此，等于现代人认为外星人长得和地球人类相同，是一样地不切实际。如果一定要在儒家对形而上本体问题做个探讨，那么《易经》的太极之说可以勉强说是相近或相似了。

其实，由于孟子反复辩证这四种心理行为的动机，以及施用在当政上的重要，很明显的，他是从人道立场而立论，是属于形而下的。如果牵扯到形而上的话，那么，就要归到孟子的老师——子思的《中庸》，其中所引用《诗经》中"上天之载，无声无臭"，以及孔子的"天何言哉！四时行焉，百物生焉，天何言哉"，那才是准确的道理。

不过，历来的学者，也有人把孟子所说的四端，比较研究，认为恻隐、善恶、辞让、是非这四端，正如佛家所说的慈、悲、喜、舍四无量心。其实，这是牵强附会的说法。佛家的心理行为，是侧重归纳于形而上道而立论；孔、孟所说的人伦道德，是从形器世间人文礼义而立言，并非佛家的最后目的所谓涅槃境界——泯是非，无分别，所可同日而语的。

不过，他们淑世利人的行为和宗旨，确是相同；其所不同的，正如佛说"一切圣贤，皆以无为法而有差别"而已。因此，我也常打一个譬喻,儒家,尤其是宋、明以来的理学家,等于是佛家的"律宗",谨言慎行,无懈可击,堪为上乘。孟子所说的恻隐之心,等同佛家行门的慈悲心,可以归入慧学;辞让之心、善恶之心,可以归入戒学;至于是非之心,则可归入增上戒学。老、庄之说,等于佛家的"禅学",飘然远引,独超物外。另外,佛家犹如儒家的《易》《礼》之教;老、庄与道家,则同于儒家的《诗经》《春秋》之教;唯有《书经》,独为儒家的人伦大教。这也是顺带一说,聊供大家研究参考而已。

孟子曰:"矢人岂不仁于函人哉?矢人唯恐不伤人,函人唯恐伤人。巫匠亦然。故术不可不慎也。"

刚才说过仁心与仁术,术就是方法。这里就是孟子在仁术方面的原则。曾经有人问到,平日在待人接物、为人处世的时候,即使知道自己内在有这个仁心,但是应该怎样去发挥呢?他这里便提出了答案。

孟子说,制造箭头的人,难道说生来就比制造挡箭牌的人更不仁吗?制造箭头的人,是把箭头制造得愈锋利愈好,愈尖锐愈好,就怕自己造出来的箭头不够利,不能杀伤人。而制造挡箭牌的人,刚刚相反,唯恐自己所制造的挡箭牌,挡不住射来的箭。他们巴不得自己制造的挡箭牌,能挡住任何强劲锐利的箭,甚至现代的子弹都穿不过,才不会伤到人。这是两种不同的技术所产生的不同心理。

另外一种职业上的对比,如巫医和做棺材的,巫医们总是希望每个有病痛的人都能复元。巫和医其实是两个名词,但在古代往往二者合一，巫也包括了医。至于做棺材的匠人，为了自己的生活，难免就希望多几个人死掉。这两种不同的心理，也是因为职业的不同而来的。

虽然我们不能以职业心理来判断一个人的仁慈或者狠毒，但是在待人处世之际，日积月累下来，不知不觉地，心理行为就会随之而起变化。

《孟子》这节的重点，只是注重在"术不可不慎也"这个大原则。但这个"术"字的重点，不是专指技术技能的术，是指权衡变通的方法、原则，包括了处事为人的分寸，这就是学问了，难得很。

虽然一个人从事的职业和谋生技术，与善恶道德没有决定性的关系，但是也不能不谨慎。另一方面，在日常生活上，做善事、布施，假如做得不好、不适当，也会有不好的结果，不可不小心。这些细节问题大家自己去体会，我们暂时不多加讨论。

"孔子曰：'里仁为美。择不处仁，焉得智？'夫仁，天之尊爵也，人之安宅也。莫之御而不仁，是不智也。不仁不智、无礼无义，人役也。人役而耻为役，由弓人而耻为弓，矢人而耻为矢也。如耻之，莫如为仁。仁者如射，射者正己而后发；发而不中，不怨胜己者，反求诸己而已矣。"

这里孟子先引用孔子的"里仁为美"。一般人把"里"解释成地方，要住的话，就要找一个仁爱的地方来住。我在讲《论语》的时候，曾经说过，假如照这样解释，在台北市大概只有住仁爱路、信义路、忠孝路才好，其他的地方都是不仁不义，不能住了。当然我这是说笑话，但是如果所有的邻居都是仁义的邻居，那实在太难了，此其一。第二，如果大家都和仁义的人做邻居，那么世界上许多不仁不义的人，都集中住在一起吗？难道恶人有个恶人堆，好人有个好人窝吗？似乎在理路上不通，不合逻辑。

我的看法，"里"就是"处"的意思；也可以作"居"字解，就是所处所居的立脚点。"里仁为美"的意思，就是我们平常为人处世，要以仁为中心，以仁为立足点，才是至美。而"择不处仁"是说，为人做事，如果不择手段、不顾仁义道德的话，那是不明智的。这是我的解释。

孟子引用这个话，也没有错，他并没有说买房子、租房子，要到仁人区域里去。

他再引申孔子的话说：仁是上天一种尊贵的爵位，同时也是人的安宅。这个宅，也不是指房屋。我们平常说"宅心纯厚"，这里的宅是一个动词，是说一个人的心要放在纯厚之中。换句话说，宅心和居心的意思差不多，譬如说"居心不良"这句成语，就是说这人的心地不好；而宅心纯厚，就是说这个人心地纯厚。那么《孟子》这里的意思是说，仁是人类最好的安心之处。"莫之御而不仁"，"御"是范围、阻止的意思。孟子说，没有任何人会阻止我们居心仁厚的，放着这么尊贵的天爵、这么安逸的居处不理不睬，而我行我素地去为非作歹，这就太不聪明了。

"不仁不智、无礼无义，人役也"，这句话，孟子是说，一个人到了不仁不智，于是就无礼无义，像这一类的人，就成为私心欲望的奴隶了。譬如对一件事情，在理智上，由是非善恶的分辨，明知道是不可以如此做的，可是情绪一冲动，就这样做了。

如果理智抵挡不住这种喜怒哀乐的情绪，那么人就成了这种情绪的奴隶了。

他又说："人役而耻为役。"当一个人做了别人的奴隶，又不喜欢被人奴役，就好比一个做弓箭的人，体认到弓箭是杀人害人的东西，于心不安。如果有了这种心理，不如马上改变。这是说，我们在理智上知道不应该做，而情绪上抵挡不住，硬是要做的时候，就要拿出最大的勇气来，马上转变。知道不应该做，就绝对不去做。

修行容易专志难

所以他说："仁者如射，射者正己而后发；发而不中，不怨胜己者，反求诸己而已矣。"这几句话是重点，要特别注意。这是千古以来，儒家谈修养，佛家讲修行，最重要的中心。他说，行仁道的人，和射箭一样，拉弓射箭的人起码先要把自己的姿势端正好，然后才把箭射出去。可是当一箭发出去以后，不能射中红心的话，对于比你射得好的人，绝对不可以产生怨恨，要自己反省，为什么不能胜过别人。自己好胜、好强，并不算错，但是不能因别人胜过自己就怨恨别人，而要反求诸己。做任何学问，也都是如此。孟子一再强调反求诸己，是儒家修养学问的中心，也是佛家修行的要点。一切都反转来，要求自己，反省自己，检讨自己；不是要求别人，更不是要求环境。

这一点，也就是仁术的道理。如果知道四端是善行，是好的，明知道而做不到，那就要在起心动念以及日用平常之间多加检点。修养不够的话，就会有时慈悲，有时不慈悲。譬如有的人看见乞丐,动了慈悲心,要拿钱给他,最初拿十块钱出来,想想太多了,于是换成五块钱,在丢给他时,心里已经有了讨厌的味道。也有时候,我们对别人的要求,前面七八次或许都能答应他,但是到第九次感到有点烦了,第十次就根本不理他了。这也要自己好好反省,究竟一开始就不应该轻易许诺呢?还是应该有始有终地持续下去?又如有人,自己财力并不十分充裕,但是看到孤儿可怜,就想收养他;但是有人则认为,不要自讨苦吃,不必直接收养,可以给没有孩子而喜爱孩子的家庭去收养,假手有充足能力的人去做,就更彻底、更妥当了。这是"术"的问题,是方法的问题,这也就是仁术的道理了。

总括上面所说:自"人皆有不忍人之心"开始,到"反求诸己而已矣"为止,等于继续申述对公孙丑所说的仁政王道。

孟子曰:"子路,人告之以有过则喜。禹闻善言则拜。大舜有大焉:善与人同,舍己从人,乐取于人以为善;自耕稼陶渔,以至为帝,无非取于人者。取诸人以为善,是与人为善者也。故君子莫大乎与人为善。"

孟子接下来说关于孔子的学生子路,以及有关两位古圣人的事迹。他的主旨,仍然是接着上面一贯下来的,也就是为扩充人类"四端"的心理行为,而举历史的实例来做说明。

他说,孔子的门人子路很了不起,在别人指出他的过错时,他会高兴,所以他是孔子最喜欢的弟子之一。子路个性很直爽,对就是对,不对就是不对,指正他的缺点,他不但不生气,反而很高兴。这就是子路。另一个典范是大禹,他听见别人一句有道理的话，乃至是说他不对的话，只要是善言，是有益的，他就作揖拜谢，这比子路又更高一层了。所以他能够被称为圣人，子路只能被称为贤人。至于大禹的老师，也就是传帝位给大禹的大舜，就更伟大了。

他说更伟大的大舜，是善于和别人一样，就是他能舍己从人，等于佛家说的"无我"，一般人说的"无私"。他做到了无我、无私，他从人是从善而不从恶。别人有好的地方、对的地方，他则放弃自己的主见，跟别人走；他最喜欢拿别人的善来亲身奉行，别人只要有一点善，他便虚心取法。这是"**乐取于人以为善**"的意思，不要把这个"**取**"字解释错了，以为大舜是喜欢拿别人的财物来做好事。

大舜因为"**乐取于人以为善**"，乐意效法别人为善，所以他虽然是种田出身，做过陶器工人和渔人，但他却当了帝王。不但是帝王，后世更尊他为圣王。主要原因就在于他能随时随地效法人家的长处，而成为大圣。不然的话，就成了专制帝王。

孟子说：大舜以别人的优点来做自己的榜样，而往好处去做。这样一来，使原来有善言善行的人，更加向善的方面努力；原来非善、无善的人，看见他舍己从人为善，便也跟着他的步伐，舍己从人为善了。于是这人类社会中，善的更善，那些非善、无善、不善的也趋向于善。这是大舜"**善与人同**"而形成与人人为善的结果，所以君子没有比与人为善更伟大的德行了。

这三位古圣贤中，大舜能影响人人为善，所以是最伟大的。以佛家的三乘来比喻，大舜就等于是大乘，大禹等于是中乘，而子路等于是小乘了。大禹和子路还是有"我"，而大舜做到了"无我"，所以我们要效法大舜。

理论说起来很容易,真的做起来很困难。所以我们只能做"剩人",不能做圣人。不过,还是要读圣贤书,慢慢读吧!我爱好四书,也爱好佛经,自幼出门远行,行李中一定带一部现代所谓"袖珍本"的四书,一有闲暇就拿出来阅读。

上面这段,是仁心仁术的扩充,也是对《公孙丑》上篇所提出的问题再做发挥。这种编辑的手法非常妙,也非常好。

孟子曰:"伯夷,非其君不事,非其友不友;不立于恶人之朝,不与恶人言;立于恶人之朝,与恶人言,如以朝衣朝冠,坐于涂炭。推恶恶之心,思与乡人立,其冠不正,望望然去之,若将浼焉。是故,诸侯虽有善其辞命而至者,不受也;不受也者,是亦不屑就已。

"柳下惠,不羞污君,不卑小官;进不隐贤,必以其道;遗佚而不怨,阨穷而不悯。故曰:'尔为尔,我为我,虽袒裼裸裎于我侧,尔焉能浼我哉!'故由由然与之偕,而不自失焉,援而止之而止。援而止之而止者,是亦不屑去已。"

孟子曰:"伯夷隘,柳下惠不恭。隘与不恭,君子不由也。"

圣贤的人格分类

这一节也是《公孙丑》上篇的结论,也就是孟子述明平生立志学孔子的道理。我曾说过,许多人不管他学佛、学道、学儒,年纪活到一大把了,还没有确立自己的人生观,没有立定将做一个什么样人的志愿。像孔子、孟子,"十五而志于学",已经开始立志了。人生观是一定要确立的,现在孟子引用古人的志趣,来反衬出他自己的人生观。

他说,伯夷当隐士,人品极其清高,他严格地选择老板,连周武王都看不上。他认为不是理想的老板,就不替他做事;不够朋友的人,不和他做朋友;朝廷里有坏人当政的话,他就不到这朝廷中去。像纣王是他的本家,因为是坏人,他就走开了。他也不愿意和坏人说话,如果让他站在坏人当政的朝廷上,或者和恶人说话,他就感到难过万分,好像自己穿了礼服,坐在烂泥坑里或煤渣堆上一样,觉得别扭难过。所以他对是非善恶分得太清楚。但是我们要知道,水至清则无鱼,人太清则无福;是非善恶分得太清楚了,就没有福报。是非看清楚之后,必须要能包容,如果不厚道,变得愤世嫉俗,这也算是一种毛病。

孟子这里说,基于这种讨厌坏人的心理发展下去,如果和一个普通人站在一起,看见这人帽子戴得不端正,伯夷就偏过头去,理都不理就走开了,好像生怕看上一眼、打个招呼就被玷污了似的。所以诸侯们虽然写了言辞恳切的聘书来聘请他,他都不接受。他之所以不接受,是因为他的人生态度是不屑于去将就别人,所以结果搞到天子不能臣,皇帝没有办法找他来做干部;诸侯不能友,各国的诸侯想和他做朋友都办不到。他望望然而去之,走了,硬走到首阳山,困在那里吃野生植物——蕨薇。这种植物,在登山时如果迷途,暂时用来充饥,保持体力是可以的,长久地吃下去,一定会吃坏肠胃。所以他和叔齐兄弟两人,吃出肠胃病而死。他们清高是清高了,可是对当时天下的生民并没有任何贡献。

孟子另外举出一个和伯夷相反的人——柳下惠。大家都知道柳下惠坐怀不乱,是清高的人。可是大家不要以为清高的人都一定是坐怀不乱。万一乱起来，可比糟糕的人还乱，好比清水里放一团泥巴下去，就马上浑浊了。坐怀不乱的柳下惠，究竟是怎么样的风格，看看孟子对他的描述，就会知道。

孟子说：柳下惠对于坏的老板，只要答应帮他做事，说干就干，管你老板怎么坏，他无所谓。他也不以官小为卑贱，叫他扫地就扫地，叫他端茶就端茶，也无所谓。叫他当秘书长也可以，明天降为工友，他也好，后天去跑腿，他也没问题，都没有关系。答应了替你做事，他不但尽量发挥自己的长处，凡是有好的人才，他一发现，立刻推荐给你。处处都走正道，按照正当的途径去做，这种人就是外圆而内方的。在外表非常圆融，叫他干什么事都可以，但是对于任何事情，都一定以正大的道理、正当的途径去做。假使被人弃而不用，他也不会怨恨；处在穷困之间，也不觉得自己倒霉可怜，仍然能够自得其乐。这种修养的境界可以说是非常之高。

但是如果一个人内外皆圆就糟糕了。柳下惠对人，处处都圆融；可是在内心，有自己的章法，所以也敢和坏人相处或做朋友。他常说：没关系，你是你，我是我，即使你脱光了衣服在我的旁边，也没有关系，反正我衣服穿得整齐清洁，因为你是你，我是我，你不可能把我染污得了。所以他能悠然自得地和别人相处，而不失自己的操守。

"援而止之而止"，你要他留下来，他就留下来。"是亦不屑去已"，因为他对那些有所不为、不愿混世同俗的作风有点看不上眼，觉得太拘谨、不洒脱，所以他"不屑去已"。

最后孟子对这两人的结论是：伯夷太狭隘了，有些孤高自赏，像小乘道；柳下惠不恭，处事不够严谨，也不好。太狭隘与不恭，都有失中道，所以他走的是孔子的道路，大乘道；换言之，走的是大舜之道，也是中庸之道。不过孟子没有把他自己所走的道路说出来，只说到"**君子不由也**"，这些都是他所不愿走的途径，说到这里就突然打住，结束了。

这种文章的结束方法，非常之妙，司马迁以及后世的文章、禅宗的教育法，都是这样。你问最后结论如何？他叫你参话头，自己去参，自己去下结论。

民国初年五四运动的时候，提倡白话文，风行新文艺，于是有了新文艺理论。那时的新文艺理论家们，引用了西方文艺的作品和理论，大肆攻讦章回小说、元曲等等"大团圆"结局的章法。引申下去，攻讦古文，主张新文艺作品的结局要留下问题，让读者自己去思考，去求答案。现在我们研究《孟子》到这里，知道文章中的这种章法，远在几千年前的孟子时代就已有了。其实，古文里很多大文章，也都是运用这种方法的。后来那些一股脑儿地引用西方文学的理论与作品作为立论根据的，不无"月亮是西方的圆"之嫌，以西方月亮圆而攻讦旧文学，则是不识自家的真面目了，可叹！

公孙丑章句下

孟子与公孙丑

《公孙丑》下章,是由养气、不动心的个人修养问题开始,发挥到外用的行道。把个人的学问修养行之于社会,贡献于国家、天下,真做到了,就是圣人。目前学术界流行起禅宗,到处都是禅,一般人看了几本书,好像就懂了禅,其实连禅的影子都还没有看到。就算真悟了道,也还是困难重重,所谓"悟道容易,修道难;修道容易,行道难;行道容易,成道难;成道容易,弘道难"。这条圣贤的道路实在是不好走的。

孟子曰:"天时不如地利,地利不如人和。三里之城,七里之郭,环而攻之而不胜。夫环而攻之,必有得天时者矣。然而不胜者,是天时不如地利也。城非不高也,池非不深也,兵革非不坚利也,米粟非不多也,委而去之,是地利不如人和也。"

天时 地利 人和

孟子在此举出当时的时代事件,以及他个人一生的事迹,给我们做参考。

孟子曰:"天时不如地利,地利不如人和。"这段话说得很妙,颇有《孙子兵法》的味道。我们前面曾经提过,中国文化里,人的地位很高,所谓"天、地、人"三才。上天,下地,人居其中,参赞天地之化育。所以中国人自称为万物之灵,说起来实在蛮难为情的,这是人自吹自擂、自我陶醉的说法。不过在我想来,牛、猪、马、鱼这些万物们,会把我们人类看成"万物之魔",是专门吃它们的坏蛋。但是在人的立场,的确不错,人是天地间最能干的,因此有所谓"天地人"三才的观点。而孟子在这里也提出"天时不如地利,地利不如人和",不论国家天下事,或者个人的一生命运、成败得失,都离不开天、地、人这三项要素。虽然三者中最重要的是人和,但是三者息息相关,缺一不可的。如果说只有人和,没有天时,也不得地利,还是成不了事。

天时相当于命运,地利相当于环境,人和则相当于伙伴。孟子这句话言简而意赅,不仅可作为军事哲学的纲要,而且是政治哲学的中心;小而言之,也是个人成功哲学的原则。于是"天时不如地利,地利不如人和"这句话,就成了中国历史上的名言。我们看美国总统大选,当年卡特当选新任总统,当然是得人和的缘故啰!但绝对是人和的因素吗?不然!还配合了天时。为什么还配合了天时呢?这些年来,美国不论在经济、外交、军事、社会、政治各方面的发展都非常令人失望,使得民情急于求变,希望能打出一片新的局面。因此卡特就在天时、人和的有利条件下脱颖而出。

说到这里,我们顺便提一下家喻户晓的《三国演义》,那位拿鹅毛扇的诸葛亮,早在未出茅庐之前,就断定了"三分天下"的局势,他所依据的就是"天时、地利、人和"这三要素。曹操得天时,孙权得地利,刘备得人和。三者势均力敌,因此造成了鼎足三分的局面。

至于孔子,三千弟子、七十二贤人,大得"人和"。春秋时各路诸侯都没有他这样威风,但是不得"地利",以致无立锥之地,"栖栖遑遑"如丧家之犬。同时他又不得"天时",时代大势所趋,无法挽狂澜于既倒,于是他有"时哉!时哉!"的感慨,乃至最后的"获麟而叹"。年轻同学将来到社会上做事,不论献身任何一种行业,也不论立志于大事、小事,都必须注意这三个要素——天时、地利、人和。

孟子这句话是针对什么而说的呢？古人好像从未讨论过这个问题。

依我个人看法，孟子当时因对各国的政治、军事有所感触，而发此言，好比是个时代评论。那么孟子这句话所依据的历史背景是什么呢？就是晋国。晋国在春秋末年时国势衰微，政权操纵在四个大夫手里，就是智伯、韩、赵、魏这四位。后来智伯有心篡位，独揽政权，于是配合韩、魏，共同攻赵。赵襄子一路败逃，最后逃到仅剩的地盘——山西一个小城。三家兵力重重把他包围，赵襄子困守了三个月，城里老百姓饿得连老鼠都捉来吃，但是赵襄子始终不肯投降。于是智伯观察地理形势，准备利用黄河上游的水，决堤灌城，把整个城淹没。正在这千钧一发之际，赵襄子反攻了。怎么反攻呢？原来他策划了间谍工作，反过来说动韩、魏，联合起来倒戈，打垮了智伯。虽然这只是春秋时代一个诸侯国里的小小内战，但是在战史上乃至战术上，却是有声有色的一仗。好比元朝当年围攻襄阳六七年，也始终无法攻下。像这种孤城困守的战绩，是什么道理，什么力量，原因何在，值得研究，尤其在座研究心战、政战的朋友们，更要特别注意。

孟子由于这个历史经验的启发，发挥多方面的哲理。首先他说"天时不如地利，地利不如人和"，赵襄子凭着人和，在困守三个月的艰难下，反攻胜利，打垮了敌人。其中涉及了思想战、文化战、经济战、心理战、政治战等，学问多了。下面孟子继续发挥。

"三里之城"，这么一个小小的地方，"环而攻之而不胜"，重重地把人家包围起来，当然是有他的天时因素，但却没有获胜，这就是天时不如地利的缘故。

相反的,这一段也是说智伯这方面,当时为了攻击赵襄子,新筑了一个堡垒,居高临下。"城""池"都是古代的战争工事。"城"就是城墙,"池"则是在城墙周围挖的河沟,有如我们现在的战壕。"兵革非不坚利也",武器战备又新颖,"米粟非不多也",后勤补给非常充实。结果打了败仗,"委而去之",输给了敌人,"是地利不如人和也",就是地利不如人和的缘故。

这是我们就历史经验所做的解释。刚才我曾说过,孟子这些话是对各国有所感而发的,下面重点就来了。

"故曰:域民不以封疆之界,固国不以山溪之险,威天下不以兵革之利;得道者多助,失道者寡助。寡助之至,亲戚畔之;多助之至,天下顺之。以天下之所顺,攻亲戚之所畔,故君子有不战,战必胜矣!"

人民的归顺依附,不能只靠国界来范围;国防的坚固,也不能只靠山川地理的优势;至于威望临于天下,当然也不能只凭借众多的兵力。不论是"域民""固国"或是"威天下",关键在于"得道者多助,失道者寡助"。什么叫得道呢?就是以"仁道"为中心,再配合文化、政治、教育、思想、经济等种种的德政。后面这些文字都很简单,我们就不再浪费时间来解释了。

孟子的架子

刚才我们已经提到,《公孙丑》上下两章是相连的。上章是学理的发挥，由内养到外用，下章则引用事例进行说明。下章一开始，孟子先引用大题目，举历史的故事为例，紧接着，孟子要现身说法了。

> 孟子将朝王，王使人来曰："寡人如就见者也，有寒疾，不可以风。朝将视朝，不识可使寡人得见乎？"对曰："不幸而有疾，不能造朝。"明日出吊于东郭氏。公孙丑曰："昔者辞以病，今日吊，或者不可乎？"曰："昔者疾，今日愈，如之何不吊？"

这段很有意思了，孟子不是在齐国吗？在齐宣王那里，起码也是客位，是外国来的客卿。齐宣王对他虽然不像对苏秦那样的言听计从，但也蛮尊重他的。孟子有一天准备去看齐宣王，齐宣王也想见见他，和他谈谈，于是就派一个侍从参谋之类的使者来告诉孟子，"寡人如就见者也"，宣王照理说应该来看孟先生的，"不幸有疾"，可是这两天感冒了，不大舒服，怕风。"朝将视朝"，明天早晨，早朝开会，会后"不识可使寡人得见乎"，不知道能不能请孟先生去看看他。

要是我们一听，那还不好！一定兴冲冲地说"一定的，一定的"，第二天不到六点钟就起床了，等待着这荣幸的一刻，那多好啊！齐王召见，多神气呀！但是孟子怎么讲呢？"不幸而有疾，不能造朝"——我们现在有时候还看到"造门拜访"这个用语，就是"登门拜访"的意思，比"登门拜访"要恭敬一点。我们可不要看到朋友信上说"造门拜访"，就以为他要重新造个门来拜访，那就滑稽了。孟子听到使者说，宣王感冒了，不能出门，他就说,对不起,我这两天也感冒了,我也不能出门,不能去看君王。你看!孟子架子好大,而且答复得很妙。

第二天孟子却故意到殡仪馆去亮相了,吊祭他一个姓东郭的朋友。嘿!明明没有感冒嘛!孟子的学生公孙丑看了,心里有点发毛,觉得不对劲,就说:老师啊!太过分了吧!昨天还跟宣王说有病,不能出门,今天却又亲自出来送丧,给大家看见,恐怕不大好吧?这样子对齐王太不礼貌,得罪齐王,也不大好吧!孟子怎么答复呢?"昔者疾,今日愈,如之何不吊",这没有什么不对呀!昨天生病,今天好了嘛!朋友发丧,我应该到,这是礼貌,这有什么关系呢?

> 王使人问疾,医来。孟仲子对曰:"昔者有王命,有采薪之忧,不能造朝;今病小愈,趋造于朝;我不识能至否乎。"使数人要于路,曰:"请必无归,而造于朝。"

齐宣王听说孟子有病,就派人来慰问。其实齐宣王也知道,他这叫做"政治病""外交病",既然你不能来,我就派个医生给你看病。孟子的堂兄弟孟仲子,据说是跟随孟子求学的,当时孟子已经出门了,他就出来替孟子应对说,"昔者有王命,有采薪之忧",之前宣王有命令,请家兄(孟子)去见他,但是他生了病。我们老一辈的人写信,有时会用"不幸有采薪之忧"这种说法,意思就是生了病。这个典故就从《孟子》来,"采薪"就是"打柴","有采薪之忧"就是身体不舒服,不能去打柴劳动的意思。

说到这里,又联想起一事,好在年幼时在家读过这些书,否则后来出外做事，会碰到些为难的地方。譬如在台北，有位朋友知道你最近没有钱用了，就寄了两千块给你，信上说"以为桂玉之费"，要是现在年轻同学一看，糟了，要跑到西门町去帮他买什么"桂玉"。

到底什么叫"桂玉之费"呢？这个典故出自唐朝，当时首都在长安，许多要考功名的，住在长安，到处拜访，请前辈推荐，如果没有人推荐，就不能报名应考。像李白、杜甫、韩愈这些大诗人、大文豪，还没考取功名之前，也都很可怜地到处拜托，请人推荐。白居易有一次就基于这个原因，去看一位老前辈——顾况，见面之后，白居易报上名字，这位老前辈一听就说"长安居，大不易"，这里的生活费很高啊！白居易当然说"是啊！是啊！我有些作品，想请您指教"，当时他就拿一些诗给顾况看，第一首诗就是：

　　离离原上草　一岁一枯荣
　　野火烧不尽　春风吹又生

这位顾先生一看就说，"好！你可以在长安住下来了。"当时长安的生活费相当高，"米珠薪桂"，米的价钱好比珍珠那么高，柴薪的价钱则好比肉桂那么贵。几千年来中国没有朝科学方面发展，于是专门在文字上玩花样，这个典故到后来，就演变成"以为桂玉之费"，意思就是给你做生活费，补贴一点伙食费或房租的。我为什么要连带提到呢？因为你们要研究中国文化嘛！看到古书，碰到"采薪之忧""桂玉之费"这类的词句，你们真要头大了！翻遍了参考资料也无法解疑，因此我只偶尔提到一些，使你们研究中国文化时方便一点。

现在这个"采薪之忧",就是指生病的意思,"不能造朝",不能去见宣王。"今病小愈",现在病是稍微好了些,"趋造于朝",已经上朝去啦!只是不知道是不是已经抵达了。于是赶快叫几个人在路上等着孟子,告诉他暂时先不要回家,直接上朝去,齐王等着见他。

> 不得已而之景丑氏宿焉。景子曰:"内则父子,外则君臣,人之大伦也。父子主恩,君臣主敬,丑见王之敬子也,未见所以敬王也。"

我们这位孟老夫子,真是聪明,也蛮别扭的。他要求宣王的是礼贤下士的精神,所以一看,情形不妙,结果家也不回了,叫部车子转到朋友景丑氏家去过夜。他这位朋友晓得内情以后,就对孟子有一番责备,说得很好。在中国传统文化的礼制下,一个家庭中,父子间的关系是人伦的中心;出外任职,君臣之道就是维系社会的法纲。君臣、父子间不是阶级的划分,而是礼制的关系。"父子主恩",父子间以恩情为联系;"君臣主敬",君臣间则以诚敬为桥梁。这是我们文化中的伦理道德。景子说,"丑见王之敬子也",我看宣王对你是够恭敬了,一直低声下气地想办法和你见面,可是你老兄总是别扭,我看你对宣王实在不大恭敬。

对于景丑氏的责备,且看孟子如何答复。

> 曰:"恶!是何言也!齐人无以仁义与王言者,岂以仁义为不美也?其心曰:'是何足与言仁义也'云尔,则不敬

莫大乎是。我非尧舜之道，不敢以陈于王前，故齐人莫如我敬王也。"

孟子就说：嘿！你这是什么话！你们齐国人对君王的建议向来只陈述利害关系，而没有文化思想最高哲理的建议，难道你们齐国没有文化吗？难道你们不知道仁义之道这根本大计的重要吗？也许你们心中认为，对这些君王们谈仁义，那岂不是自讨没趣，他们怎么会听这一套！如果你们齐国人的心里是这样的话，"则不敬莫大乎是"，那你们齐国人对君王才是大大的不敬。而我一个外国人却不然！我虽不是尧舜，但是我一定建议宣王走万世圣王之路。"故齐人莫如我敬王也"，因此你们所有齐国人都不如我对齐王来得恭敬。我所提供的都是最宝贵的意见，而最宝贵的意见往往是看不见的，当时也都是不值钱的，无法收到立竿见影之效，看起来既迂腐又穷酸。孟子这套君臣之道的哲理，可说是讲得太高了。

景子曰："否，非此之谓也。《礼》曰：'父召，无诺，君命召，不俟驾。'固将朝也，闻王命而遂不果；宜与夫礼若不相似然。"

景子又说了："否"，不对！我不是这个意思，你误会了我的话。你老兄一天到晚标榜中国文化，同时以文化道统为己任，如果以中国文化的古礼来说，"父召，无诺"，父亲叫你的时候，不可说"等一下就来"，一定要马上就去。国君召你的时候，"不俟驾"，也不能说今天司机请假，没有车子，明天再去吧！走路也要走去的。而你本来是要与宣王相见的，但宣王找你几次，你却摆架子始终不去，"宜与夫礼若不相似然"，如果依礼法标准，好像不大对吧？他三番两次地请你，而你一直避不见面，我责备你的是这个"不敬"。

对这段话，且看这个以好辩出名的孟夫子，如何辩下去。

曰："岂谓是与！曾子曰：'晋楚之富，不可及也。彼以其富，我以吾仁；彼以其爵，我以吾义，吾何慊乎哉！'夫岂不义而曾子言之？是或一道也。天下有达尊三：爵一，齿一，德一。朝廷莫如爵，乡党莫如齿，辅世长民莫如德，恶得有其一以慢其二哉？"

孟子说：你说的是这个道理啊！于是他引用曾子的话说明中国文化的精神，这里面有很高深的哲理。现在让我们先解释一下原文。当时国际间，晋楚两国的国势，都称霸一时。孟子引用曾子"晋楚之富，不可及也"的话，意思就是说，你要知道，国际间不只是你齐国有钱，晋、楚和你们齐国也不相上下的呢！我为什么不到晋国去，不到楚国去，而到你们齐国来呢？这一段话，孟子并没有讲出来，不过他引用曾子这句话，实际上就是这个意思。所以我们读书要注意了，如果只看表面的文字，很多重要的关键就无法掌握。如果话还没有说，意思就表达了，就是所谓的大手笔的一种写法，我们读懂了书，也就会写文章了。

在座有些年轻朋友们或许会不服气地说，书上明明没写，你怎么知道他是这个意思呢？我们继续看下文就知道了。"彼以其富，我以吾仁"，晋楚虽然强大、富有，但他无法用财富打动我的心。我虽然是一个老百姓，但是我有我的仁道原则；他有钱，但是我不为他的钱所动，我的仁道是无价之宝，他买不动我的。

"彼以其爵"，他们可以给我很高的官位，"我以吾义"，但是我处事以义理为原则，不义的爵位我不要，我有我的人格。他的爵位和我的义理一比较，"吾何慊乎哉"，我心里没有遗憾，坦然得很！

我们看中国历史，很多人是这种作风，我有学问，可是不帮你做事，不肯助纣为虐；你有钱有势，要花钱买动我，我偏不干！你硬要买的话，那就把吃饭的家伙——脑袋给你，反正这个吃饭的家伙也不能代表我真正的精神，这是中国文化可贵的一面。

"夫岂不义，而曾子言之，是或一道也。"现在是孟子的话了，他说难道曾子讲这话，也不合礼法吗？我认为他是有另外一番道理的。今天我到你们齐国来，是尊重你们的齐宣王，认为他了不起，我才来的。下面他引申理由，"天下有达尊三：爵一，齿一，德一。"诸位要注意啊！今天社会只讲现实，所谓现实就是财富，房屋住得漂亮，汽车坐得新，钞票多，就是如此而已。另一面的精神天地，则远非现实所能影响。所以孟子在此提出了"达尊三"，所谓"达"，就是共通的；所谓"尊"，就是最高尚的。天下一致认为最崇高可贵的共有三件事。

第一件是"爵"，爵位。英国虽然近年日渐没落，但是还保有这种制度。英国统治香港一百年以来，它用的不是大英律法，绝大部分是皇清律，是沿用清朝的法律。当然，随着年代的变更，条文也有所变动，但原始蓝本是皇清律。所以香港乡下老百姓看到英国警察，还是叫"大人"，把警察局叫"差馆"；当年英国统治印度时，也是沿用印度当地的法律制度，这是英国政治手段的高明。近年世界各地有许多协会的组织，如红十字会、狮子会等；英国有个兄弟会，据我研究，英国的兄弟会是模仿我们的青帮、洪帮而来。在座有学社会学的朋友，不妨研究一下。这一段是题外的话。

说到英国还保有这种爵位的制度，譬如香港，年高德劭、对社会福利有贡献的人，香港政府就封他为"爵士"，这是英国的一种政治手段。"爵"和官位、职位的观念是不一样的，所谓官拜大将军，这是官职。但历代的爵官分类颇复杂，例如唐代，就有"职事官""勋官""散官""封爵"之分。"职事官"就是有实际职务的官，如"尚书令""刺史"之类，好比今天的院长、市长。"勋官"是武官的官阶，好比今天的"将""校""尉"。"散官"是文官的官阶，称为"大夫""郎"之类，好比今天文官的"委任""荐任""简任""特任"。"封爵"则称为"王、公、侯、伯、子、男"，并有"食邑"。例如唐初名臣长孙无忌，他具有"太尉检校中书令同中书门下三品扬州大都督监修国史（以上共兼三个职事官）上柱国（勋官）赵国公（封爵）"这种身份。研究这方面，要参考"唐六典""九通"之类有关官规、官制书籍才可以。从这点也可见，中国文化是博大精深的，许多现代人事制度还不如古时健全。

第二件"达尊"是"齿"，这个"齿"是代表年龄。中国文学中有"马齿徒增"的说法，年纪大了，自认为一事无成，于是对朋友感慨"马齿徒增"。我们看了会觉得很奇怪，原来要想知道马的年龄，就看它的牙齿，马的牙齿会随年龄而增。孟子这里说的"齿"，就代表人的年龄、辈分。

第三件"达尊"则是"德",德性、修养。"朝廷莫如爵",在政府公家机构,必须尊卑有序,以爵位、官职定先后。几年前,有位同学来对我说,另一位同学升官了,比他的级别高。我说,好呀!不过你要注意,同学归同学,你们回到我这里来,吵架、打架都可以,但是在外面的公事场合中,你见到他,要规规矩矩地敬礼,规规矩矩地跟在后面。这位同学就问,那不是太虚伪了吗?我就说这是国家的体制,友情是私交的事,回到家里再谈友情,在公事场合,应该以公论公。年轻同学们将来到社会上做事,要特别注意这一点。尤其现在国际间交往愈来愈发达,同学们出国留学或经商的也很多,和外国人一接触,我们无形中就负有国民外交的使命,如何做到不卑、不亢,这是一门学问。

"乡党莫如齿",回到家乡那就不同了,年纪大、辈分高的最尊贵。尽管你在外面官做得大,回到自己家乡,见到不识字、种田的长辈,照样要行礼,哪怕是遇到同辈的学长,而他还是个一品老百姓,你也要请他坐上座。像蒋公中正当年回到浙江家乡,看到老前辈,照样行礼,这是中国古礼。又譬如我从前坐船出门念书,经过祖坟的时候,赶紧站起来,拱手作礼。如果骑马,经过祖坟或长辈门前,就要下马步行,走过百步才能上马,这些都是中国古礼。有些同学听了就说,这个太形式化了。嘿!形式大有用处,因为习惯形式可提升为精神的实质。现在就是因为没有形式,所以精神也没了,形式和精神是两位一体的。

"辅世长民",至于说辅助世道,善化民心,对社会国家的这种贡献,那就"莫如德",没有比道德学问更尊贵的了。爵位再高,辈分再长,都无法与之相比。

后来中国两千多年的法治精神,就是依此而来。在座不知道有没有学法律的,现在法律进一步发展出法理学,就是研究法律的哲学基础。中国以往有汉律、唐律、宋律(刑统)、明律、清律等,各个朝代各有它们自订的法律。我常对法界朋友说:我们现在讲法律很有意思,近百年来,我们也跟着那些高鼻子的洋毛子说世界有两大法系,一个是海洋法系(英美的),一个是大陆法系(欧洲大陆的)。而我们呢?几乎大部分是抄袭大陆法系,小部分抄海洋法系,而编成六法全书。为什么不看一看我们中国自己的法律系统呢?为什么不研究汉律、唐律呢?难道中国没有法律吗?中国以往不但有各个朝代不同的法律,而且法理也很高明。现在美国国家的大法官常引用判例,为什么引用判例呢?因为立国纪元太短,依据呆定的条文,有些案子找不出一条适当的条文来判决,于是就引用相似的判例为依据。

前几天有位同学从美国回来,提起一件离奇的谋杀案,和佛教密宗的念咒子有关。有个会念咒子又懂一点修持方法的人,住在山上,自己种田,收了一大堆嬉皮弟子,教他们打坐、念咒子,他教的正是济颠和尚常念的那个观音菩萨六字大明咒"唵嘛呢叭咪吽"。有一天,一些电影明星在聚会,这些弟子们就拿着刀,嘴里念着"唵嘛呢叭咪吽",像疯子一样,闯进去杀人。结果被捕后,据这些弟子说,当时念着咒子,就好像吃了迷幻药一样,自己意识中,觉得是受了师父的感召,奉行师父的命令,于是拿起刀来杀人。但是这位师父呢,始终在山上,没有下山。现在这位师父也被关了起来。你说他有罪没有罪?美国当局目前对这件案子很头大,还找不出恰当的判例来引用。

我们中国古时候呢,如果找不出法律条文定罪,那么就找法理,到哪里找法理呢?四书五经,这叫做"经义断狱"。照古圣先贤的思想，认为应该宽恕的，就赦免；如果在行为上没有触犯条文，但是就法理观点看，有伤天害理的地方，照样判罪，这是中国文化中法律的特有精神。所以我建议学法律的同学，要研究一下中国的法律，同时最好再配合佛教的戒律。佛教"律"部里面的东西，和中国《礼记》里面同样丰富，其中有很多哲理、伦理的规范。我们应该在两大法系之外，重新整理一套东方法系，这是有志于复兴中华文化的同学们所应注意的。现在我把这把钥匙交给你们了，希望你们好自为之。

孟子接着说，"恶得有其一，以慢其二哉"，现在宣王是很尊贵的，因为"朝廷莫如爵"，他是一国之君。但是我年纪比他大啊！我学问道德也不差啊！宣王有其爵，而我有其二——齿、德，从这个道理来说，他不是应该来看我吗？

孟子怎么跟人家争这个呢？简直像是饭没吃饱，出去跟人家争豆渣吃，真是奇怪了！但是孟子有他的道理。现在让我们继续看下去：

"故将大有为之君，必有所不召之臣，欲有谋焉则就之。其尊德乐道，不如是，不足与有为也。"

注意啊！孟子这里说，一个君临天下的英主，一个真正了不起的领导人，"必有所不召之臣"。中国有句古话，"天子有布衣之友"，像汉光武和严子陵，又如朱元璋和田兴。他们这些平民老百姓，作风特殊，不好功名，不肯做官，皇帝如果愿意和他们做朋友，那可以，但也绝不亲近；如果说要他们做官的话，那他们就会逃跑了。所以一个君主要想真正有所作为，就必须有风格超然的人给他提供远见。而这种人绝不像普通一般世俗之人，能用爵位、官职加以规范的。即使贵为君王，但是在真理之前，必须要礼贤下士。这类清明的贤者，就是中国文化里所谓的"王者之师"，曾子也曾经说过"用师者王，用友者霸"，就是这个道理。

我们不要以为当了帝王是很舒服的事，可以任性地为所欲为。我常说中国文化非常高明，你看，古时候皇帝自称"孤家""寡人"，真是孤孤单单的。有时偶尔想起一个笑话，刚刚要笑，看到对方严肃地板着面孔，这个笑话也就不好笑了。想找个说知心话的人，没有；想跷跷腿，不好意思，这种味道真难受。所以古时候皇帝时常换上便衣，去找一些"布衣之友"，说说笑笑，因为皇帝尽管是皇帝，但毕竟是人，总需要有点人的生活情趣。当然那种境界不是我们普通人所可想象的。不过有个位子，中年以上朋友总尝过这个味道，那就是家长。一旦我们年纪大了，做起爸爸、妈妈，下面一群儿女，如果再加上一些孙子，那就成了爷爷、奶奶。这种高高在上的滋味，也不好受。如果老伴不在，连讲话的对象都没了，只好买张公共汽车票，找老朋友去。所以帝王们必须要有"布衣之友"，同时也要有"不召之臣"。

"欲有谋焉，则就之"，有重要决策时，必须请教这些朋友，因为这些人比较超然，比较客观。不但在道德学问方面对自己有助益，另一方面也可以谈些知心话。"不如是，不足与有为也"，如果做不到这一步的话，那么好比"有限"公司，会前途"无亮"。

下面孟子列举历史经验：

"故汤之于伊尹，学焉而后臣之，故不劳而王。桓公之于管仲，学焉而后臣之，故不劳而霸。今天下地丑德齐，莫能相尚；无他，好臣其所教，而不好臣其所受教。"

伊尹是汤的宰相，但是私下商汤以伊尹为师，处处向他请教，"故不劳而王"，所以商汤成为千古明王，日理万机而悠然自得。"桓公之于管仲"，齐桓公当初也是向管仲求教，把政事交与管仲，而他自己只喝喝酒，也不管什么事。孟子不说王道，而是说霸道，结果齐桓公"九合诸侯"，多威风！后来管仲一死，齐桓公也就垮了。

现在天下局势很糟糕，诸侯各国实力相差不多，作风也差不多，都喜欢用听话的干部，而不愿意用对自己有所建议的人才。这一点不仅是当时诸侯的通病，而且是人类的通病，到现在还是如此。年轻同学们将来如果做了公司老板，或者某个单位主管，对这层修养要特别注意。我们看下面，孟子为了强调这点，又引述历史典故。

"汤之于伊尹，桓公之于管仲，则不敢召；管仲且犹不可召，而况不为管仲者乎。"

商汤当时对伊尹、齐桓公当时对管仲，都不敢随便下命令，随便使唤他们；"而况不为管仲者乎"，更何况还有比管仲高明一等的人哩！这个人是谁呢？下面不说了，我们替孟子说："更何况我呢！"前面已说过，孟子是不屑于做管仲的。

在这一段，孟子说明自己的立身处世，同时代表了儒家的典型,就是一个知识分子"有所为,有所不为"的风格,绝对不是一般世俗功名富贵所能左右的。

受授礼则

上一节,孟子借着和齐宣王拉锯式的外交战,表明自己立身处世的原则,同时说明臣道和君道的精神。现在,又换了一幕。

> 陈臻问曰:"前日于齐,王馈兼金一百而不受;于宋,馈七十镒而受;于薛,馈五十镒而受。前日之不受是,则今日之受非也;今日之受是,则前日之不受非也。夫子必居一于此矣。"

这一段文字是古文的叙述体,"馈"是赠送的意思。陈臻是孟子的弟子,他提出一个问题,他说:老师啊!前天,齐王(是齐宣王的儿子齐湣王)送老师兼金一百。什么是"兼金"呢?所谓兼金就是上等的金。据考证,春秋战国一直到汉朝期间,所谓的"金",并不是我们现在所谓的黄金,而是一种高级的铜。所以这里的"兼金"就是指质地纯美而贵重的上等铜,在当时是非常值钱的货币。齐王送孟子一百镒(一镒相当于二十两),结果孟子不肯接受,一毛都不要,把这个大红包退回去了。"于宋,馈七十镒而受",但是后来路过宋国时,宋国国君送了七十镒,没有齐王那么多,结果孟子接受了。"于薛,馈五十镒而受",后来在薛国时,薛国国君送了五十镒,孟子也接受了。

这个学生陈臻觉得很奇怪,所以就提出来问,他并不是觉得孟子这位老师贪财,而是不懂为什么多的不接受,少的反倒接受了。这到底是什么道理呢?陈臻说,"前日之不受是",前几天不肯接受齐王的赠送,如果是对的话,"则今日之受非也",那么现在接受宋、薛两国的赠送就不对了。"今日之受是",如果说现在的接受是对的,"则前日之不受非也",那么从前的不接受就不对了。"夫子必居一于此矣",所以不管怎么说,老师总有一种处理方式是不对的。

这个学生和老师针锋相对起来。在《论语》中,我们也常看到孔子的学生对孔子紧迫盯人地追问。由此可以看出古时候教育风气的自由、亲切。现在呢?教育普及了,师道尊严没落了,学生们也不提问题了。我在大学上课时,经常请学生们提问题,但是他们总是没问题,为什么呢?事后和他们闲谈才知道,有些老师被问得不高兴,就扣学生的分数。这是站在学生的立场而言。反过来,站在老师的立场来看,学生们的求学热忱实在不够,书本怎么写,他们就怎么背,只要能应付考试,就天下无事了。现在让我们看看孟子怎么应付这个学生的问题。

> 孟子曰:"皆是也。当在宋也,予将有远行,行者必以赆,辞曰'馈赆',予何为不受?当在薛也,予有戒心,辞曰'闻戒,故为兵馈之',予何为不受?若于齐,则未有处也。无处而馈之,是货之也,焉有君子而可以货取乎?"

孟子回答说:我这两种处理方式都没有错。像我们小时候,出门念书,都瞒着亲戚朋友,不让他们知道。因为照中国规矩,出门念书的话,乡里亲朋都要送礼的。有些红包就写着"以壮行色"，如果给年轻人的红包，有时就写"鹏程万里"，或者"前途无量"，等等。这种社会风气就好比现代的奖学金、助学金之类，虽然没有像现在一样制度化，但是在人情的气氛下，不但使受者倍感亲切，同时不会像现在的奖助学金，常发送给一些有钱人家的子弟，失去了奖助学金的意义。在过去，一个贫穷人家的子弟要出门念书，有钱的人家如果不送一些礼金的话，出门念书的人家虽然不会责怪，但是乡里朋友们都会批评，觉得他太不够意思，一点人情味都没有。这就是"礼"，不是制度，更不是利害关系，也不是希望他将来读好书，做了官，来回报这些送钱的人家。

但是像我们出门念书的，接受了亲友的礼赠，也是一种心理负担，因为礼尚往来，我们回来还要还礼，很麻烦的。譬如我在杭州念书，回家时箱子行李要装一大堆杭州的土产，诸如杭州的扇子啦、剪刀啦，或者女人梳头用的篦子啦。买起来费事，带起来也辛苦。这些中国古礼和现代的红白"炸弹"不同，当时民风非常淳厚，不像现在，常常有人"轰炸"得太过分了。

现在我们回到《孟子》原文："辞曰馈赆，予何为不受？"这个"辞"，不是推辞的辞，而是指措辞的辞。宋国送孟子的帖子上，写着"馈赆"两个字，等于说，要出门了，送一点路费，送一张飞机票，这是中国古礼，人家依礼给我，我当然要接受啊！

当我到了薛地（当时齐国边境的重禁，孟尝君父子相袭的封地），民风强悍，良莠不齐，"予有戒心"。他们说："闻戒，故为兵馈之。"薛国的当局尊重我是客卿，身居异地，必须加强保护自身的安全设备，诚意送钱给我，这是薛国的一番诚意，我当然接受馈赠。

你刚才问我在齐国为什么不接受齐湣王的馈赠，"则未有处也",这要注意了,在齐宣王时,孟子起码是一个顾问,还有些顾问费、办事费。现在到了宣王的儿子湣王,他虽然还说不上是个昏君,但也是半个昏君,历史上有名的燕齐之战,后来乐毅率领燕兵反攻,连下齐国七十二城,就是齐湣王时候的事。孟子在这里说"则未有处也",我当时在那里什么名义都没有,只是一个做客的身份,没有任何立场,我以什么名义接受人家的馈赠呢?"无处而馈之",没有立场,没有名义,他随便送钱给我,"是货之也",这个钱就有问题了,好像要收买我一样,大丈夫不受人收买,"焉有君子而可以货取乎?"我不吃这一套,我不接受。所以我说我都对,不接受也对,接受也对。

孟子这段现身说法,就是告诉我们,一个读书人,在为人处世之间要有所为,有所不为。合理的、合宜的,则当仁不让;不合理的、不应该的,则丝毫不苟取。孟子这番说辞是正统的儒家风格。如果我们翻开《庄子》看看,在《杂篇》《天下篇》《让王篇》里,也提到很多这类的问题,所不同的,庄子的笔调是嬉笑怒骂,言辞幽默而锋利。在此我们无法列举书中的例子,否则就喧宾夺主了,同时诸位手中也没有《庄子》这部书,所以我们只简单提一下《庄子·让王篇》里面的一小段:"虽富贵,不以养伤身;虽贫贱,不以利累形。"富贵的人,自己太求安逸,保养得太周到了,反而多病,很多人的病就是养尊处优来的富贵病。相反的,一个人贫穷时,要有人穷志不穷的气概,不可以为了利害而动摇自己的品格。《庄子》里面诸如此类的事理很多很多。

又譬如我讲解《论语》时,提到《庄子》里所说的屠羊说,他姓屠羊,名说(音悦)。古人的姓氏,不像我们后代的赵钱孙李等,一代传一代。上古时候,姓牛啊、姓马啊,通常都是就当时环境而定的,譬如养牛的大户就姓牛,养羊的大户就姓羊。不仅中国,像美国的皮鞋李、日本的犬养毅,前者的祖先当时是做皮鞋的,后者的祖先当时是养狗的,也都是这个情形。屠羊说就是以杀羊为职业,专门卖羊肉。

当年伍子胥帮助吴国打垮楚昭王,眼看楚国就要亡国了,屠羊说不肯投降,追随昭王逃亡。后来楚昭王复国了,想起屠羊说,于是派左右高级干部送奖金给屠羊说,屠羊说不肯接受,他说:楚王一逃,我的羊肉生意就不能做了。楚王是为楚国而逃,留有用之身,以便反攻复国;而我是为了羊肉生意而逃,没有一点功劳,怎么可以接受奖赏。大臣们报告楚王以后,楚王更觉得屠羊说了不起,于是再派人去,而屠羊说又说了一番道理,还是不肯接受。楚王因此就越觉得他了不起,派大臣再去,同时要封他官爵,请他为国家做事。这么一来,屠羊说就更不肯接受了,又说出一番理由。总而言之,他是说:楚王为国而逃,他逃他的,我逃我的,巧合的是两个人逃到一路上。当时国家有难,我不能出力,是我做国民的耻辱,如今能够复国,是楚国的福荫,以及楚王的光荣,而我只是享受到恩泽的一个老百姓。我怎么能无功受禄呢?笑话!笑话!

一个小小的生意人,竟然有如此高风亮节,对权位毫不动心,而且极尽谦虚之德。所以后来楚王特地召见他,他和楚王面对面辩论,说得楚王哑口无言,最后只好放他回去,他还是去卖他的羊肉。

现在话说曾国藩,当年他平定太平天国,立下大功以后,同时也遭致很多毁谤,甚至有人著书立说,对他弟兄两人批评得很刻薄，很难听。曾国藩感慨很深，同时怕弟弟曾国荃（排行第九，又称九帅）受不了要发脾气，杀人问罪，于是写一首诗给他——

左列钟铭右谤书　人间随处有乘除
低头一拜屠羊说　万事浮云过太虚

他们弟兄两人平定太平天国后，大得皇帝宠信，但却也因此树大招风，所以说"人间随处有乘除"，天下事就是如此，在一方面有所得，则另一方面就有所失。因此他奉劝弟弟翻开《庄子》，看看屠羊说的风格，效法他的谦德。人世间的功名利禄、毁谤责难，都如空中浮云，都会过去的，也都不是真实的。

牧民的职责

现在我们再回转来看《孟子》。送礼的一幕收场后，又是另外一段故事开始了。

孟子之平陆，谓其大夫曰："子之持戟之士，一日而三失伍，则去之否乎？"曰："不待三。"

这个故事没有完，我们暂且到此停住，先解释一下这前半段的文字。

"孟子之平陆"这个"之"就是"到"。古代的"之乎者也"，不一定完全是虚字，譬如现代的"的呢吗呀"也一样，不过"目的""中的"的"的"（目标）就不是虚字了。孟子有一次到平陆这个地方——齐国边疆的一个小县。他对这个地方的主管邑宰说，你那些拿枪拿刀负责守卫的部下，"一日而三失伍"，一天当中，差不多要三次离开岗位，常常看不到人，不忠于职守。假如有这样的事，你是不是要开除掉他？"曰：不待三"，这位主管说，如果有这种情形的话，不等三次失职，只要有一次出了毛病，后果就不堪设想，马上就要开除的。

孟子实在很会说话，套出了平陆大夫的"不待三"之后，马上就反过来说：

"然则子之失伍也，亦多矣。凶年饥岁，子之民，老羸转于沟壑，壮者散而之四方者，几千人矣。"曰："此非距心之所得为也。"

照你这么说的话，你老兄犯的错就多了，"子之失伍也，亦多矣"，你也经常失职，以至于"凶年饥岁"，每逢战乱时，或者收成不好的荒年，老百姓们没有饭吃，于是"老羸转于沟壑"，年纪大的老人们就饿死在路边。现在年轻人们看了这一段话，会有点不可思议的感觉，我们当年的确亲眼看到过这种惨状。抗战刚开始时，四川由于军阀割据，作威作福，民国初年就把七十几年的税征收了，弄得民穷财尽，虽然素有"天府之国"的美称，但是冬天一到，经常有人冻死在路边。那个时候，四川人的头上都包一块白布，脚呢？什么也不穿，寒从脚底生，所以也容易冻死。

说到这里，又牵涉到一个民俗学上的问题。印度人还有西亚的伊斯兰教人们，也都喜欢头上包一块白布，人类为什么会有这种共通的习俗呢?过去在大陆,女人头上喜欢包一块布,这倒是有道理的,因为在医理上说,女人过了三十岁,头部容易出毛病,需要保暖。现在女人们出外做事,必须打扮,不好意思再包那么一块布,在办公室里也不好戴顶帽子,风气使然,没有办法;很多女人就只好让自己头痛了。其实倒是有一法可以补救的,在晚上睡觉时,最好把头部包起来,平常多注意保养,防患于未然,总是好的。

我们当年初到四川,看到路边冻死的人,不禁就想起孟子这句"老羸转于沟壑",实在是非常悲惨的一幕。"壮者散而之四方者,几千人矣",年轻的为求活命,也都逃到外地,另谋发展。孟子的意思是告诉平陆的大夫,你看看,你的地方行政搞成这个样子。古代人口稀少,老的死,少的逃,去掉了几千人,平陆这个地方几乎就没有什么人了,所剩下的就只是些老弱妇孺。

孟子多会说话!先举出一个士兵不守岗位的例子,问这位大夫应该如何处分,这位大夫就说,不等三次,就要把他开除掉。孟子抓住机会,就指责这位大夫的失职,言下之意,大有问他是不是该杀头的味道。当然,孟子说话很有分寸,同时也很巧妙,他只点到为止,数说了一些行政上的失职以后,这位大夫怎么办呢?他一定是脸涨得通红地说:"此非距心之所得为也。"距心是这位大夫的名字。他说,唉!孟先生,这件事实在是很抱歉,我虽然有心把地方治好,但是许多地方限于法令,乃至人事上的陋规,相沿已久,以至于弄到这个地步,我一人的力量实在有限,没有办法啊!孟子听了以后,怎么说呢?

曰:"今有受人之牛羊,而为之牧之者,则必为之求牧与刍矣。求牧与刍而不得，则反诸其人乎？抑亦立而视其死与？"曰："此则距心之罪也。"

孟子说，哪有这个道理！譬如有个老板，出钱请人负责照料牛羊，说好了每个月给这个人多少经费。"则必为之求牧与刍矣"，当然，这个人就必须尽心职守，想办法为牛羊找到一块牧地，让牛羊去吃草。如果找不到好的牧地，没有办法让牛羊吃饱，"则反诸其人乎"，是不是应该想想办法，研究一下，怎么样才能达成任务？"抑亦立而视其死与"，难道就站在一边，眼看着这些牛羊饿死吗？

孟子就借这个例子，责备他身为一国的地方官，负有牧民之责，就必须尽心职守，设法使百姓吃得饱穿得暖，结果却使百姓们落得这样可怜的下场，怎么能推卸得了责任呢？如果说无能为力，没有办法达成任务，就应该辞职才对啊！

天下无处不能吃饭，虽然说吃饭难，其实真肯为吃饭而卖力的话，就不难了。譬如现在这里许多大学生，各个都是公子哥儿、千金小姐似的，四体不勤，五谷不分；但是到了国外，入境随俗，把围裙一穿，去端盘子洗碗了。甚至许多拿了博士学位的，找不到工作，也只好端盘子、洗碗碟。结果克难成家，后来也做了老板。如果拿这种精神在自己国内发展，照样成功。并不是美国好生存，就业机会多，实在是只要肯干、肯努力，吃饭是件很容易的事。但是大家为什么感叹吃饭难呢？原因是"好逸恶劳"的劣根性，谁不喜欢跷起二郎腿坐在那里指挥别人做事呢？

孟子责备孔距心，既不能有所作为，却又恋栈，不肯离开官职；既然不肯离开嘛，总应该有所建树才对。孔距心被骂到这里，只好承认"此则距心之罪也"，老师说得对，我是错了，我犯了失职的罪过。

过了几天，孟子在边疆考察完了，回到齐国：

他日见于王曰："王之为都者，臣知五人焉。知其罪者，惟孔距心。"为王诵之。王曰："此则寡人之罪也。"

他见到齐王，就对他说，"王之为都者"，派去做地方首长的，我看过了五位，"知其罪者，惟孔距心"，其中只有孔距心这个人，他能知道自己的过错，肯认错，这种修养非常难得。后来这位孔先生大概要高升了，因为孟子"为王诵之"，又加油添醋地特别加以赞叹。齐王就顺便问起他们碰面的经过、交谈的内容等等，于是孟子又趁机打丫头、骂小姐，刮了齐王的胡子，数说了齐王一番。"王曰：此则寡人之罪也"，齐王修养还不错，同时也很高明，赶紧说，这都是我的错。当然在下位的人有错时，居上位的人也推卸不了责任。

我们看孟子，当时以一个老百姓的身份，奔走于诸侯之间，一心一意要救世救人。反过来看看很多学佛的朋友们，时常把"度众生"挂在嘴上，结果连自己都度不了，"名"来了开心，"利"来了开心。求不到名利呢？那就吃不到葡萄说葡萄酸，竟然还说什么"弘法利生"，不是"红发（弘法谐音）"，是白发——头发都白了。像孟子这样，才是真正在"弘法利生"，处处教化，虽然没有当权施政，但是却随时随地注意民生疾苦，提出建议。如果当时诸侯乃至其他当政者能够稍稍改正的话，无形中会有多少人受惠啊！能挽救多少生命啊！

这一段又表达了一个知识分子士大夫立身处世的方针。引申而言，国家兴亡，匹夫有责，任何一个人都应该为社会国家、为人类，尽自己的力量。至于谈话的艺术，那又是一门学问了，说得不好的话，说不定就把吃饭的家伙给送掉了。像孟子的说话技巧，就是值得我们效法的。目前正逢山河变色，又是一幕"老羸转于沟壑，壮者散而之四方"的历史悲剧，而年轻朋友们从小过着安逸的生活，无法体会其中的凄惨。但是我还是期望你们能本着"自立立人"的精神，担负起文化道统的重任。

职责与言责

> 孟子谓蚳蛙曰："子之辞灵丘而请士师，似也，为其可以言也。今既数月矣，未可以言与？"

蚳蛙是齐国的一个官员，本来在灵丘这个地方做官，后来辞职不干"而请士师"，希望能做"士师"，在齐王旁边，能对刑罚方面的事有所建议。孟子说"似也"，你这番用心是很可取的，"为其可以言也"，希望能常和齐王见面，对他有所建议，使他能有好的政绩。"今既数月矣，未可以言与"，现在你就职以后已经有几个月了，怎么没听说你发表过言论，使齐王有所改正呢？"谏"是下位对上位进劝的话。这位先生听了孟子激发的话，于是向齐王提出了建议。

> 蚳蛙谏于王而不用，致为臣而去。齐人曰："所以为蚳

蛙则善矣，所以自为则吾不知也。"

蚳蛙向齐王提出应该改进的办法，但是齐王没有采用，于是"致为臣而去"，这个"致"就是退还的意思，"致为臣"也就是"致仕"的意思，辞职不干了。这位仁兄实在了不起，被孟子一说，马上从善如流，对齐王提出谏言，想对国家有所贡献，无奈齐王不肯采纳，蚳蛙无法达到自己的理想，只好挂冠而去。齐国人知道了这件事，就说，孟夫子这位先生教别人倒是教得蛮好的，但是他自己到底做得怎么样就不知道了。

公都子以告。曰："吾闻之也，有官守者，不得其职则去；有言责者，不得其言则去。我无官守，我无言责也。则吾进退，岂不绰绰然有余裕哉？"

公都子是孟子的学生，在外面听到这些消息，就回来向老师报告。孟子听了，并不介意，同时说"吾闻之也，有官守者，不得其职则去"，依据中国文化的精神，既然身居官职，不能尽心公务、不能达成任务的话，就应该引咎辞职。因为做官的目的，就是贡献自己的力量，为社会国家谋福利，既然达不到目的，再占着这个官位，就失去了意义，说句难听的话，何必占着茅坑不拉屎呢！

"有言责者，不得其言则去。"在中国历史上，"言责"是一股无形的力量，相当于现代的监察制度。孙中山先生也深知这种精神的可贵，因此在著作三民主义时，以西方的三权分立为主干，再加入中国原有的考试、监察两种制度，特地编成了五权宪法。

在古代，监察御史专门负责评论，即使对皇帝也不例外，看到皇帝有不对的地方，就奏上一本。奏文里面都引经据典，加上一番大道理。但是有时候，词句实在太严厉了，皇帝看了真不是味道。所以在中国古代，皇帝实在不是好当的，表面上看起来是专制政体、君主独裁，其实我们中国自古以来就有这种传统的法治精神。为官者经常抱着要对历史、对百姓负责的存心。所以我常说，要懂中国历史，不能只看正面的历史，还必须看反面的历史，就是历代大臣的奏议。皇帝尽管不好，不愿意采纳忠言，但是做臣子的，宁愿以身家性命做赌注，冒着生命的危险，也要进谏忠言。所以在历史上，有些大臣为了第二天要上奏章，经常连夜不睡，有的甚至棺材都准备好了。他们同时留下一份奏章的副本，因为万一第二天上朝，触怒了皇帝，会被杀头；或者是自己甘愿以死尽忠，不惜生命的代价，要对历史文化负责。

像清朝的朝珠，就有这种特殊的作用。据说朝珠、马蹄袖都是洪承畴想出的办法，让汉人在受辱之下，不要做满人的官；无奈大势所趋，宦场诱人，汉家英才终究还是入其彀中。在清朝，官员们要见皇帝时，必须把马蹄袖一甩，同时弯下腰，让朝珠碰到地，象征为皇帝效犬马之忠。大官们的朝珠里有一颗是红色的，据说放有鹤顶红，毒性很大的，舌头一舔就死。好比二次大战时，希特勒率领的纳粹党，就在假牙里面装了毒药，一看情势不对，就拿下牙齿，服毒而死。大臣们"心存君国"，到必要时就以死报效，积极地说，是尽忠报国；消极地说，就是怕死后在历史上留下不直言进谏的污名。现在市面上有一本唐代的《陆宣公奏议》，大家不妨买来参考参考。

说到这里，顺便插一段题外话，从前当大官实在是不舒服的，每天早上两点钟就得早朝，连觉都睡不好。所以唐朝有两句诗，以一个年轻的官太太身份为此感慨："无端嫁得金龟婿，辜负香衾事早朝。"做皇帝的也是天不亮就必须起床，通常都是老太监站在门外敲钟，第一次敲过，皇帝未起床，就再敲第二次，再不起床，老太监就不客气了，手上拿条热毛巾，往皇帝脸上一蒙，顺手就把皇帝给拉了起来。皇帝睡眼惺忪地换好衣服，就连拖带拉地被架上了朝。国家大事讨论两三个钟头以后，早朝结束，皇帝回去吃了早点，又要打瞌睡了，于是再睡上一觉。这就是"回笼觉"这个典故的由来。

同时我们再看看现在的公务员们，以及整个社会的风气，不要说死后不怕人骂，活着的时候，也尽管人骂，不在乎，只要他官做得大，钱赚得多，管他别人怎么说！但是国家兴亡，匹夫有责，美国肯尼迪总统有句名言："不要问国家能为你做什么，而要问你能为国家做什么。"凡是中国人，是不是也都应该自己反省反省呢？

所以孟子说，既然不能报效国家，不能为社会尽力，那么就不应该留在职位上吃闲饭。而我现在呢，是自由之身，在齐国"**我无官守，我无言责**"，既不是公务员，又不是监察委员，只不过是个外地人，拿个居留权，住在这里。"**则吾进退，岂不绰绰然有余裕哉**"，所以进也好，退也好，我有充分的自由。孟子这番话说得有道理，那么他到底是进呢，还是退呢？他到底做了些什么呢？这就是歇后语了。孟子在这句话里没有说明，但是我们从《梁惠王》篇一直看下来，他的确是时时以国家天下为念，并不只是发言刺激别人，让别人丢官。他只是苦口婆心地处处说教，但是毕竟不在其位,很多话也就不方便说了。孟子所表露的,就是儒家士大夫"学而优则仕"的精神。

中国文化另一面的道家人物,则稍有不同,他们大都采取"进退裕如"的态度。"进退裕如"这句成语,就是从《孟子》这一段话而来。道家人士往往只负言责,而不肯居官。譬如南北朝时期有名的人物陶弘景,据说他后来成仙,梁武帝经常请教他国家天下大事,封了他高官厚爵,但是他却挂冠而去,隐居到山里修道去了。不过,梁武帝每逢国家大事决策的时候,还是派人到山里向他请教,所以后世就称他为山中宰相。像这一类就是道家的风格,端上一大桌"满汉全席",只要别人吃得高兴就好,他退在一边欣赏,还是吃他的青菜豆腐。

这些儒、道的风范都已成为过去了,将来会怎么演变呢?但愿新的生机、新的局面,能出现在不久的将来。

疑人不用　用人不疑

下面,《孟子》的原文又换一个话题了,如果用白话文加以改编,《公孙丑》下章可热闹了。用白话文改写古代的历史,当然是件好事,但是也不要太离谱。例如有人说伍子胥和西施谈恋爱,就实在是冤枉了古人;又例如说韩昌黎是得风流病(梅毒)死的,也实在是太过分了。

我们以文人或者学者的身份来说,一旦下笔,就必须对文字负责,说清楚点,就是必须对历史文化负责。写上一篇好文章、有价值的文章,流传五百年的话,就好比你活了五百年的寿命,这五百年当中,有多少人会看这篇文章,有多少人会受它的影响！所以古人写文章都不轻易下笔的，一旦下笔，一定非常谨慎，因为稍有不慎的话，后果实在不堪设想。

> 孟子为卿于齐，出吊于滕，王使盖大夫王驩为辅行。王驩朝暮见，反齐滕之路，未尝与之言行事也。

"卿"是古时候的官阶，相当于大夫之职。"孟子为卿于齐，出吊于滕"，齐湣王派孟子代表齐国到当时一个小国——滕国去吊丧。大使出使，就代表了一个国家，如果是元首特别信任的，就再加两个字，所谓"全权大使"。譬如大使到国外签约，虽然说他出使时就具有了代表权，但是还是要打电报回来请示。如果是全权大使的话，就可以随机制宜，不必再打电报请示了。孟子这次出使，到底是普通大使还是全权大使，我们不得而知，当然应该是取得了齐王的信任。

但是齐王很奇怪的，"王使盖大夫王驩为辅行"，又派了一位亲信的大夫，和孟子同行，做副大使，帮忙孟子。这正、副两位大使一路到滕国去，他们两人就天天相处在一起。"反齐滕之路，未尝与之言行事也"，孟子也很奇怪，平常最爱说教的他，这次代表齐王出使滕国，在来回的路上，对此行的任务一句话都不说。一路上大概只有闲话，譬如天气冷了、天气热了等等这些，但是正题却不谈。譬如应该如何安排某某部长的拜见，应该如何做些国民外交，等等，一概不提。于是，那位喜欢发问的公孙丑又问了。

> 公孙丑曰："齐卿之位，不为小矣；齐滕之路，不为近矣。反之而未尝与言行事，何也？"曰："夫既或治之，予何言哉。"

公孙丑问：齐王派老师以卿大夫的身份出使，这个特任官的职位，实在是不小了。由齐国到滕国来回的路程也相当远，"反之而未尝与言行事，何也？"但是老师这一路上却绝口不提国家外交与国内行政的事，这是什么道理？

"曰：'夫既或治之，予何言哉。'"孟子说，反正有那位先生在，他已经全盘筹划好了，还要我多管什么闲事！原来齐王对孟子没有充分地信任，也没有重用他，只不过为了国际的声望，所以请他挂个大使的名义，再派一个亲信跟着他，也等于是监视他。而孟子肚里有数，干脆摆摆样子就算了。这应该说是孟子的错呢，还是齐王的错呢？还是他们都没有错呢？

由此，使我们联想到，从唐末开始的一种制度，到了明朝更为普遍，那就是"监军"。监军职权很高，通常都由太监担任，因为皇帝不放心重兵在外，于是派太监去监军，结果部队里的总指挥——元帅，就无法直接下达命令。因此之故，明朝的军事渐渐一败涂地了，因为大家都抱着"既或治之，予何言哉"的心理，所谓"疑人不用，用人不疑"，既然不相信我，派个人来监督我，那我又何苦卖命呢？由《孟子》这段事，我们读懂了后世的历史；同时我们也由后世的历史，读懂了《孟子》这段事。

所以这些书，实在不容易读懂，我们过去考功名，四书五经是必读之书，年纪轻轻的，怎么读得懂？常常越读越糊涂，冤枉了圣贤。那么，你说年纪大了，就读懂了吗？也不见得。如果对中国文化的认识不够，人生经验不够，没有做过官，没有带过兵，没有这些人生经验的话，还是不懂；必须要在各行各业打过滚，然后再读这段书，那就要哑然失笑了。到那个时候你会把书一放,"予何言哉"地感叹一番了。此所以圣贤之学的难懂。

这一段一段的故事,都含有人生处世的哲理,我们不要读一段就只懂这一段,必须要运用智慧,触类旁通。书本是古人的经验,目的在启发我们后人的立身处世。年轻同学将来有你们的天下,当然环境、处境有别于古人,但是"人情世故"的大原则却是不变的。如何活用古人的智慧开创你们未来的人生,那就看你们自己了。

下面这一段和丧事有关。

> 孟子自齐葬于鲁,反于齐,止于嬴,充虞请曰:"前日不知虞之不肖,使虞敦匠事,严,虞不敢请,今愿窃有请也,木若以美然。"

葬礼的演变

"孟母三迁"是历史上有名的故事,现在孟子的这位伟大的母亲死了,"孟子自齐葬于鲁",孟子从齐国回到鲁国奔丧。在中国古礼,奔丧是件很隆重的事,一直到六十年前,这种风气还存在着。我们看历史,宋、元、明、清好几位官员,因为没有回家奔丧,就被专门骂人的言官提出弹劾,结果皇帝下令"永不起用",永远不封官职了。这就是中国文化"以孝治天下"的精神。但是如果身为军人,在前方打仗怎么办呢?同样地要回家奔丧。除非是特殊情况,这位将军离不开前方,于是由皇帝特别颁布"移孝作忠"的命令,戴孝上阵。

孟子料理完丧事后,"反于齐",又从鲁国回到齐国,"止于赢",半路上走到嬴这个地方的时候,"充虞请曰",充虞是孟子的学生,他利用休息的时候问孟子,"前日不知虞之不肖",前几天跟随老师回鲁国,为太师母料理丧事。注意!老师的母亲称太师母,不是师婆,现在很多年轻学生带了孩子来,喊我师公,实在是没有这种称呼法,照《礼记》应该称"太老师"。师公、师婆这些个头衔,大概只有在扮演张天师画符念咒时才出场的。

充虞说,承蒙老师看得起我,"使虞敦匠事",让我负责棺木以及坟地的建造工程,当时"不敢请",我有问题也不敢问,只是闷着头,照老师的意思做。现在看老师心情比较平和一点,不再那么伤心,所以有个问题想请老师指教。什么问题呢?"木若以美然",棺木似乎太贵了,太浪费了。

过去对丧礼非常重视,一切费用也都很可观,所以人实在是死不起。讲究的棺材往往要好几十万。从前最好的棺木是西康建昌(现在的西昌)的建材。我有位朋友,是个孝子,现在已经过世了。当年他在大陆时,不论到哪里都带着他老太爷的棺木同行,后来到台湾,他老太爷的棺木也运来台湾。这些运费算算,实在相当可观。

孟子对学生的疑问怎么回答呢?

  曰:"古者棺椁无度。中古棺七寸,椁称之。自天子达于庶人;非直为观美也,然后尽于人心。不得,不可以为悦;无财,不可以为悦;得之为有财,古之人皆用之,吾何为独不然?且比化者,无使土亲肤,于人心独无恔乎?吾闻之也:君子不以天下俭其亲。"

孟子从古代历史文化的演变说起。在上古时候，没有葬礼，人死了往旷野里一埋就好了。所以孔子在《易经》上就说过"不封不树"，没有坟地的界限就是"不封"，也不树立墓碑作为标记就是"不树"。后来慢慢发展演变，就有了"土葬"的葬仪制度。

说起葬仪，西藏人很妙的，父母死后，儿女把父母抬到山上，进行"天葬"，让秃鹰来吃，吃得越干净，表示儿女越孝顺，父母就可以升天。所以我们在西藏常看到一些鹰鹫，那张嘴大概是吃野兽、人肉吃多了，所以红红的。在西藏，买了肉必须盖在碗里端回家，如果像我们这样提在手上，被鹰鹫一口就给叼走了。至于印度，则流行火葬。另外北欧还有些地方流行水葬。而伊斯兰教葬礼也很简朴，他们在人死之后，洗干净用白布包起来，装进棺材，不看风水，抬到挖好的坟坑，然后把棺材下层一抽（是活动的），死人就落坑土葬，他们再把棺材抬回家，下次再用。到底哪一种葬法才对？怎么样才合乎孝道？实在很难说。

这套葬仪发展到孔孟时代，已经很具规模了。因此墨子就提出反对，他主张薄葬，当然也有他的道理。至于道家老庄方面呢？他们不管什么厚葬、薄葬的，反正他们看到为死人哭，就觉得好笑，他们认为"生死一条"，生好比白天，死好比晚上，是请假去另外一个地方休息休息，有什么好哭的？总之，中国文化里，诸子百家，花样繁多，如果只读了四书五经，就大言孔孟代表了中国文化，那就实在太幼稚了。中国文化包罗万象，孔孟思想虽然伟大，却只是我们文化中的一环而已。

丧礼到了现在，集古今中外之大成，前面古乐、洋乐，再加上军乐队开道；后面则道士、和尚等，来个公开展览。等而下之的，父母一断气，就往殡仪馆一送，早点挂号，生怕去晚没有空位,就必须在家里多搁几天。到了殡仪馆,拿冰块镇住,然后排队,轮到了,就一把火烧掉,我们看了真要捏把冷汗。我在《论语别裁》里也提到过,照中国古礼,人死了在四十八小时内不能随便搬动的。这牵涉到医学。近代医学界许多事例证明了我们中国这个古礼是非常有道理的。一来为防假死,医学上有一种病无以名之,就叫"假死",用医学判断,的确是死了,但是过一两天又莫名其妙地活了。二来涉及更深一层的道理,现在医学正朝这方面努力研究。照佛学理论说,人的呼吸停了,心脏脉搏停了,但是这个人还没有完全死,还有一部分知觉是我们旁观者无法体会,也看不出来的。如果这个时候就把他拿冰块一冰,再打上几针防腐剂,岂不痛苦万分!临死还要再受一番折磨,这一点的确值得我们注意。

孟子这里说"古者棺椁无度",古时候没有一定的葬礼,"中古棺七寸,椁称之",到了中古时候,有了成规,棺木七寸厚,棺材外面的椁,也要配合。从皇帝到老百姓,都是这个规矩。"非直为观美也,然后尽于人心",这样做,并不是为了漂亮、美观,才觉得尽到了心意;实在是父母去世,做子女的太伤心了,总要为父母准备一张好床,略尽一点最后的心意,才能心安。如果没有办法、没有财力购置名贵的棺木时,就要斟酌情形而定,不可以过分铺张浪费。假如有能力、有财力购置上好的棺木时,当然必须尽心竭力,把这件事做好。孟子又说,如今,我虽然不是达官显要,但总在外国——齐国当个顾问,经济环境许可,当然必须要讲究些。这是自古以来的风俗礼制,我为什么要例外呢?

"且比化者","化"就是物化、变化的意思。宇宙万物在道家看来,只不过是"物化"的作用,因此他们觉得"死亡"并不可悲,因为"方生方死,方死方生",万物随时都在变化,"死亡"只是其中的一个现象、一个过程,不是结束。从整体观念来看,人死了,肉体变成泥土,而后土地上长出青菜萝卜,青菜萝卜又维系了人的生命……如此循环不已的物化,就构成了这个大千世界。孟子继续说,"且比化者,无使土亲肤,于人心独无恔乎",父母死了,如果随便就埋到地下,使得父母的身体和泥土、虫子等混在一起,做子女的内心会像刀割一样的痛。"吾闻之也,君子不以天下俭其亲",据我所知,一个大丈夫尽管心存君国,志在天下,但却不能为了"天下之事"而忽略了父母。这里又流露出中国文化中"以孝治天下"的精神了。

直道做人难

沈同以其私问曰:"燕可伐与?"孟子曰:"可。子哙不得与人燕,子之不得受燕于子哙。有仕于此,而子悦之,不告于王,而私与之吾子之禄爵,夫士也,亦无王命,而私受之于子,则可乎?何以异于是。"

沈同是齐国的一个臣子,"以其私问曰",他私下以个人的想法请问孟子:是不是可以出兵攻打燕国?孟子答复说:"可,子哙不得与人燕,子之不得受燕于子哙。"子哙是燕国的君主,读古书读得有点呆了,他看上古时尧舜的禅让政治,传为千古美谈,于是起而效法,不当君主,把大位让给一个名叫子之的臣下。子之是燕国当时的一个高级干部,非常有心,知道燕王这种心理,就故意安排,布置圈套,使得燕王把王位让给他。孟子认为子哙不应该随便把君位让给子之，而子之也不应该接受子哙的君位，孟子举沈同与部下之间的关系为例。

譬如你很欣赏你的某个部下，"不告于王，而私与之吾子之禄爵"，你却不报告你的顶头上司——齐王，就私下把你手中的官位封给他。"夫士也，亦无王命，而私受之于子，则可乎？"他本来是齐国的一个官员，如果没有奉齐王的命令，就私自从你手中接受官位，你认为这样子可以吗？拿我们现在来说，就是一个公司的高级干部，不向董事长报告，就私自任命他喜欢的部下为业务经理，这个样子当然是说不过去了。"何以异于是"，同样的，燕王虽然贵为一国之尊，但是上面还有周天子，如今没有呈报周天子，竟然私下禅让自己的国位，当然是不合理的。这是战国时代有名的史实，结果子哙把国位让给子之以后，一两年就出了毛病，引起战乱。子哙的食古不化，变成了千古的笑柄。

> 齐人伐燕。或问曰："劝齐伐燕，有诸？"曰："未也。沈同问：'燕可伐与？'吾应之曰：'可。'彼然而伐之也。彼如曰：'孰可以伐之？'则将应之曰：'为天吏，则可以伐之。'今有杀人者，或问之曰：'人可杀与？'则将应之曰：'可。'彼如曰：'孰可以杀之？'则将应之曰：'为士师，则可以杀之。'今以燕伐燕，何为劝之哉！"

沈同问过这个问题以后，很巧的，果然齐国出兵攻打燕国，同时占领了燕国大部分的土地。在战国时候，这种趁火打劫、不仁不义的举动，比比皆是。于是有人问孟子说，听说你劝齐国出兵攻打燕国，有这种事吗？孟子这里的回答很妙，既不说"无"，也不说"有",他回答的是"未也"。是什么意思呢?下面他申述理由,他说:沈同问我,像燕国这种情形,是不是可以出兵攻打它呢?我说可以。谁知道他听了之后,竟然就通过了内阁会议,出兵攻打燕国。他如果再问,谁有资格可以攻打燕国呢?那么我一定说,不是你们这些诸侯国所可以攻打的,你们一出兵,就带有侵略性质,像燕国这种情形,只有周天子下命令,才能出兵讨伐。

孟子继续以比喻说明:如果有人问:杀人犯是不是该处死?我们当然予以肯定的回答:"应该。"如果他再问,谁可以处死他呢?那么我们一定回答说,只有执法的士师,才可以杀他,别人则无权如此做。"今以燕伐燕,何为劝之哉!"如今虽然是齐国出兵侵略燕国,但是齐国的地位与燕国一样,都是诸侯,又不是周天子,有什么权力去伐燕呢?燕国虽不好,齐国与它地位平等,却去侵伐人家,实在是没有道理。所以,我怎么会劝齐国侵略燕国呢!

这一段说到这里,有几点值得研究:

第一点,我们都知道孔子被尊奉为至圣先师,而孟子则为亚圣,比孔子略逊一筹。现在我们看孟子这段答话,此所以亚圣之为亚圣的道理。如果换成孔子,别人问他这个问题,他一定不这么回答。孔子会说:"燕有可伐之罪,然非子之国而能伐之也。"此所以孔子之为至圣。当然,孟子这番辩论很对,但是他当初明明知道问话者的动机,如果直截了当地回答:"打是应该打,但却不是你们可以出兵打的。"这样回答多好!但是他却偏偏只答了一半,等出了毛病,人家来质问,才说自己没有错,然后讲了一大套逻辑。就好比有人头痛,来问我们,是不是可以吃药?我们就说"可以",而没有告诉他应该吃阿司匹林,结果他吃了泻药,泻了肚子。所以孟子到底只是亚圣。

第二点,话又说回来,亚圣自有亚圣的道理,孟子当时是战国时期,不像孔子生在春秋时代。战国时期,学术风气好辩,喜欢斗嘴,这是时代趋势,人难免受其影响。因此孟子也多少带了纵横捭阖的气息。开始只露上一手,如果要再问嘛,就得再磕个头再说。

第三点,使我们联想到黄山谷的一句词:"是非海里,直道作人难。"黄山谷和苏东坡一样,在政坛上因为受政敌的打击,非常不得意,因此他感叹直道做人难,说直话、以直心待人,反而受人误解,惹上一身麻烦。所以,有时候做人实在不得不圆滑一点,差不多就算了,当真不得,只要自己问心无愧、存心光明磊落就好。

第四点告诉我们处事的典型,在某种场合,说某种话,要有分寸,不能逾矩,太过分了就不行。接下来,还是前面这段故事的延伸。

> 燕人畔。王曰:"吾甚惭于孟子。"陈贾曰:"王无患焉,王自以为与周公,孰仁且智?"王曰:"恶!是何言也。"曰:"周公使管叔监殷,管叔以殷畔,知而使之,是不仁也;不知而使之,是不智也。仁智,周公未之尽也,而况于王乎?贾请见而解之。"

齐湣王打败了燕国子之以后,统治了燕国两年。"燕人畔",后来燕人拥立太子平为燕王,起兵抗齐。齐湣王于是说,"吾甚惭于孟子"，对于孟子说的那番话，觉得很难为情。他明知孟子不赞成他出兵，但是却一意孤行，结果自食恶果，受到燕国的反击。当时齐国的一个大夫陈贾，就在旁边劝慰齐湣王：大王不要难过，其实这件事不算什么。于是他举出历史经验，"**王自以为与周公，孰仁且智**"，您与周公相比，您认为谁比较高明、比较仁智呢？齐湣王马上说：怎能这样比较呢？周公在中国文化里也是一位圣人，我对他非常景仰，所以自认比不上。这里又牵涉到人类的普遍心理问题。

人往往"重死轻生"，看古人觉得了不起，看今人却觉得起不了。人又往往"重远轻近"，远来的和尚会念经，也就是所谓"菩萨照远不照近"。人更往往"重难轻易"，对难以到手的，觉得分外珍惜；对容易得到的，往往不知爱惜，这种心理是古今中外一样的。

齐湣王也是如此，所以他说你怎么这么说？周公是古代的圣人，而我，是现在剩下的人，你怎么把"圣人"和"剩人"比到一块儿呢？

我们看陈贾怎么样引经据典，来拍这个马屁。

他说："**周公使管叔监殷，管叔以殷畔**。"周武王灭了商纣，建立周朝以后，周公辅政，把纣王的后代分封在殷，派他的哥哥管叔去监视。结果后来管叔挑唆殷人反叛周朝，于是周公只得派兵镇压，杀了管叔，把殷商后代重新分封，移迁到宋。

"**知而使之，是不仁也；不知而使之，是不智也**。"如果周公预先就知道管叔会叛变，却仍然派他去殷监督的话，那么周公就是不仁，等于陷兄弟于不义；如果周公原先不知道管叔会造反，所以派他去殷监督，那么周公就是不智。"**仁智，周公未之**

尽也，而况于王乎"，不管怎么说，周公总有一样不对，不是不仁，就是不智。古代圣人尚且如此，不能十全十美，更何况齐王你呢?!

年轻朋友们要注意了，有朝一日，你们当了老板，这种马屁不知不觉地就会来了。你们看这里马屁拍得多好，不着痕迹，而且引经据典、冠冕堂皇的，替齐湣王排除了内心的愧疚。

"贾请见而解之"，接着第二个马屁又来了，陈贾在齐王面前自告奋勇，表示要去见孟子，为齐湣王解说，更进一步排除齐湣王愧对孟子的心理。陈贾见孟子能否达到解说的目的呢？且看下面事情的发展。

> 见孟子，问曰："周公何人也？"曰："古圣人也。"曰："使管叔监殷，管叔以殷畔也，有诸？"曰："然。"曰："周公知其将畔而使之与？"曰："不知也。""然则圣人且有过与？"曰："周公弟也，管叔兄也，周公之过，不亦宜乎？"

陈贾的确很高明，一点都不含糊。他见到孟子，绝没有说我来是为齐湣王解释，大王心里觉得很抱歉，请你千万别误会……婆婆妈妈地说上一大堆，如果这样就算不上是什么人物了。

他首先就问：周公是什么样的人呢？他明知故问，孟子也就明知故答："古圣人也"，周公是我们传统文化中的圣人。于是陈贾再问："使管叔监殷，管叔以殷畔也，有诸？"周公派管叔监督殷商的降民，结果管叔煽动民众，起兵造反，历史上是不是有这回事呢？孟子说：是的，是有这回事。陈贾再问：周公是不是知道管叔会造反，而故意派他去然后借刀杀人呢？孟子说，你别乱猜想，周公不会想到自己兄弟竟然会造反。"然则圣人且有过与"，陈贾套出了孟子的话，很高兴地说：那可好了，周公还是智慧不够，认人不清，以致造成历史上的错误。"曰：'周公弟也，管叔兄也，周公之过，不亦宜乎？'"孟子说，你错了，古代宗法制度下，兄弟间长幼有序，如果父母不在，那么长兄就如父，兄长具有相当的尊严，弟弟对哥哥不应该怀疑的，否则就是不敬、不悌，有亏于礼法。如今周公是弟弟，管叔是哥哥，周公既然派管叔去殷监督，就应该完全信任他，所以周公这个错误估计，实在是情有可原的。陈贾不含糊，孟老夫子更厉害，以礼法堵住陈贾还不够，又继续说：

"且古之君子，过则改之；今之君子，过则顺之。古之君子，其过也，如日月之食，民皆见之；及其更也，民皆仰之。今之君子，岂徒顺之，又从为之辞。"

这段话，无异大大借题教训了陈贾一顿！

孟子说，古代人一旦错了，马上认错，改过；现在的人呢，犯了错往往将错就错。古代的君子，犯了过错，就好比日蚀、月蚀，大家一看就看到了，他们并不遮掩。但是他们一定马上改过，好比日蚀、月蚀一过，太阳、月亮立刻恢复了原有的光辉。"今之君子，岂徒顺之，又从为之辞。"现在时代不同了，在上位的人犯了错，幕僚人员不但不劝阻，而且还编造些理论，顺着拍马屁，支持上面的错误。孟子这就是指陈贾而言，用佛家的话来说，孟子是有他心通啰，不待陈贾说完，就猜中了他的心事，同时很婉转地教训了他一顿。

这一段记载了孟子在齐国的为人处世,对当时政府的负责人身教、言教的要求,一丝不苟。

门阀　财阀　学阀

　　孟子致为臣而归。王就见孟子曰:"前日愿见而不可得,得侍同朝,甚喜。今又弃寡人而归,不识可以继此而得见乎?"对曰:"不敢请耳,固所愿也。"他日,王谓时子曰:"我欲中国而授孟子室,养弟子以万钟,使诸大夫国人皆有所矜式。子盍为我言之。"

　　"致为臣"也就是"致仕"的意思,用现代话说就是退休。孟子在齐湣王时期不大得意,于是退休不干了,准备回自己家乡。齐湣王得到这个消息,就亲自御驾来看孟子。"前日愿见而不可得",上次我想亲自来拜访你,无奈公事太多,抽不出空来。这个外交辞令说得多好!"得侍同朝,甚喜",我能和你老先生在同一个朝廷做事,实在是件很高兴的事。现在听说你要弃我而去了。这位诸侯说得多客气!但是他下一句并没有说"请你不要走",他怎么说的呢?他说得很高明,"不识可以继此而得见乎",不知道你走了以后,是否能再和你见面?这不等于批准孟子退休了吗?他为什么这样说,是真的愿意孟子离开吗?也不见得,看后面就知道。

　　其实齐湣王是想留住孟子的,他之所以这样说,还是怕碰钉子的成分居多。如果恳请孟子留下而孟子不留,做君王的就太没有面子了。"不敢请耳,固所愿也。"孟子回答说,我实在不敢抱这个奢望,不过,我内心却是非常希望能再和你见面的。似乎两个人在大耍外交辞令呢!记得我们小时候到朋友家,朋友招待吃点心,我们也就学这句古话"不敢请耳,固所愿也",然后拿起点心来,便往嘴里塞。

齐湣王去看了孟子以后,孟子大概还有些事必须料理,所以他并没有马上离开齐国。有一天,齐王对一位亲信的大臣时子说:"我欲中国而授孟子室,养弟子以万钟",我想在齐国拨出一块地方,盖批房子,请孟子到那里主持,教育子弟,不管多少学生,所有的教育经费,一概由我供应。"使诸大夫国人皆有所矜式",让知识分子以及高级官员们,能够看看孟子的这种风格和典范,也就达到教育目的了。你姑且去替我转达这个意思,试一试,摸摸底子。

  时子因陈子而以告孟子。陈子以时子之言告孟子。孟子曰:"然。夫时子恶知其不可也?如使予欲富,辞十万而受万,是为欲富乎?"

孟子当时虽然没有孔子的那种味道,但是威严还是蛮重的,时子并不认识孟子,所以不敢直接来找他,透过孟子的学生——陈子,告诉他齐王有这个意思,请陈子转告孟子。陈子将这话报告以后,孟子就说:"然。夫时子恶知其不可也?"这个"然",并不是答应说可以的意思,而是说反话,等于我们现在笑着说"是吗"的意味。孟子说,时子通过你,代表齐王来讲话,难道他已料到我是不会答应的吗?接着他说,"如使予欲富,辞十万而受万,是为欲富乎?"齐王现在等于计划为我办一个大学,给我很多钱。前次他送我的十万块钱俸禄，我都不要了，而今难道为这万把块钱，我就干吗？我是为了钱吗？

"季孙曰：'异哉！子叔疑，使己为政，不用则亦已矣，又使其子弟为卿，人亦孰不欲富贵？而独于富贵之中，有私龙断焉。'"

季孙是鲁国大夫。接着孟子引用季孙的话，谈到发生在鲁国的一件事情。季孙说，这事情好奇怪喔！有一个人，名叫子叔疑的，他希望自己的政治理想能够发挥，"不用"，结果还是不能达到目的，"则亦已矣"，只好算了，大丈夫合则留，不合则去，虽然想贡献自己，为社会、为国家做点事，既然没有机会，也就算了。但是，他另外耍了一个手段，自己不出山，装做高尚，却把他的兄弟子侄布置上来，都在鲁国居上位，当要职，将政权都把持了。

天下人哪个不想大富大贵？"而独于富贵之中，有私龙断焉。"但是为了求富求贵，就制造派系，形成一个小集团，把别人的政治前途都垄断了。现代工商界用的专有名词"垄断"，就是出自《孟子》这里。不准别人上来，这怎么可以呢？接着，孟子就拿市场的贸易行为来做比喻。

"古之为市者，以其所有易其所无者，有司者治之耳。有贱丈夫焉，必求龙断而登之，以左右望而罔市利，人皆以为贱，故从而征之。征商，自此贱丈夫始矣。"

在这里，我们必须先了解一下五千年来的传统商业观念。古时候，市场上的交易行为，就是拿我所有的换我所没有的。譬如我家生产毛巾，你家生产手表，我们大家隔一阵子，集中在市场上做现货交易，这是最原始的商业行为，叫做贸易，后来才慢慢用货币来作为交换媒介。中国古代商业行为很进步，三千多年前，就有专人负责市场的管理，有法令、规章，不能乱来的。"贱丈夫"就是大丈夫的相反词，在这里是指专门垄断生意的人，"以左右望而罔市利"，他们多方面观察，知道哪个地方缺什么东西，哪个地方某种东西又太多了，便在中间操纵居奇，赚钱获利。这种人在现代这个社会里，被认为是第一流的商业人才；但是在孟子那个时代，却为社会一般人所不齿，这是古今观念的不同。

"故从而征之。征商，自此贱丈夫始矣。"这里写出中国市场管理的演变，从政的领导者，看见商人这种垄断的不良行为，于是开始课税。古时候课税的动机，就在防止商人投机、垄断的恶作风。孟子把这类投机取利的人称为"贱丈夫"，在现在人看来，这类人物却成为"贵丈夫"了。

好了，这一段有几点值得我们注意。

第一点，如果我们写有关中国商业发展史，或者赋税发展史之类书籍的话，这一段是个重要的参考资料。

第二点，就是孟子对垄断问题的看法，此所以亚圣之为圣也，而不是亚圣之为亚也。要是换成你我，有钱的老板，既出钱，又出房子，又出人，那还不好？真是求之不得。但是孟子却不然，他这种独立不移的精神，实在值得我们效法。

我常说在秦汉以后就没有儒家了。秦汉以后，虽然处处标榜孔孟，但是却没有看到真正的孔孟之徒，大部分都是拿孔孟的招牌骗饭吃而已。孟子这里说出的"必求龙断而登之"，不仅是商场上的现象，在科考制度之中，以及社会上各行各业，都有这种垄断的现象，这就是所谓门阀、门第的观念。往往一代为官，子孙亲朋就逐渐把持了政权，普通人要想在这种情势下跻身其中，那真是谈何容易！

到了唐代，虽然兴起了考试制度，但是法久弊生，也难免形成门第的垄断。发展到中、晚唐，政坛上因此而有"牛、李"两党之争，各以牛僧孺、李德裕为两大政魁，两派意见之争非常严重。李德裕为宰相李吉甫之子，并非科考出身，因祖荫入仕，专门提拔清寒子弟。牛僧孺则为科考进士出身，属于学阀门派垄断团体。唐武宗时，牛僧孺入相，威权独重。唐宣宗时，李德裕为牛党所陷，贬往崖州。当时有诗云："八百孤寒齐下泪，一时回首望崖州。"就是以这个历史背景为典故的。崖州是广东边区的一个小县，唐朝时，还是没有开发的蛮荒之地。那些清寒子弟眼看恩师为了提拔他们，遭人陷害，从宰相之尊，被贬到边疆荒区，难免痛心疾首，悲泪纵横。

我们看中国历史上，自汉、唐、元、明、清，一路下来，不仅政治上有门阀，军事上有军阀，经济上有财阀，学术界还有学阀。但是，我们看看孟子这里，他绝对有机会可以形成一股学阀的威势，但他却毫不动心，我们不免再度赞叹，亚圣之为圣也！

> 孟子去齐，宿于昼。有欲为王留行者，坐而言，不应，隐几而卧。客不悦曰："弟子斋宿而后敢言，夫子卧而不听，请勿复敢见矣。"曰："坐。我明语子。"

处世的艺术

这里就开始讲故事了，也等于是孟子的传记。孟子离开齐国，到了昼这个地方。有一个热心人，想替齐王留住孟子，请他不要离开齐国。结果如何呢？"坐而言，不应，隐几而卧。"这人见了孟子，坐下来想和他谈谈，孟子不搭腔，反而躺了下去，不理他。这人很不高兴。当然不高兴，别说是这个人，若换上我们，在这种情况下，也会不高兴的。但这个人还是执弟子之礼，很谦虚地说："弟子斋宿而后敢言，夫子卧而不听，请勿复敢见矣。"我对老师非常诚恳，见面之前，先沐浴、烧香，没想到老师根本不理我，从此以后，我不敢再来求见了。言下之意，大有"你孟夫子又算老几呀"的味道。

孟子听了，对他说：来！你请坐，我和你讲老实话。

"昔者鲁缪公，无人乎子思之侧，则不能安子思，泄柳、申详，无人乎缪公之侧，则不能安其身。"

孔子的孙子子思，是曾子的学生、孟子的老师，孔子死后，文化道统传到子思了。鲁国当时的国君缪公，对子思非常尊重，他经常派两个最亲信的干部在子思旁边，以便随时传话。鲁缪公为什么要这么做呢？他为什么不干脆把子思请到宫里来住，或者请他住到隔壁，不是更方便吗？这就是年轻同学们要特别注意的地方了。你们自己将来从事外交，或从事工商业，对于人事问题的处理，要特别小心。人与人之间相处，尤其是高级干部之间，有些问题要研究、讨论的时候,必须有个转圜的余地,如果不是这样,事情就容易搞砸。比如年轻人谈恋爱,结婚以前都很好,但结了婚以后,太亲近了,反而闹别扭。这时,就需要朋友出来说话了。

中国人讲究伦理,也就是伦常。所谓伦常就是社会的次序,人与人之间相处的艺术。君臣、父子、夫妇、兄弟、朋友五伦中,朋友列居其一。大家或许会觉得奇怪,好像朋友一伦不相干,而事实上,朋友非常重要。任何一个人,许多心里的痛苦、心里的烦恼,上不可对父母言,下不好对兄弟、妻、子开口,对着好朋友,东拉西扯,什么都可以向他发泄。就像中药里的甘草,每一帖药都用得着它,离不开它,因为它的性质是中和的。人生不能没有朋友,否则会很痛苦。

所以不要以为鲁缪公的这种做法是手段,他确实是深懂人与人之间相处的艺术。做人实在难,往往不能走直路,如果坚持要走直路,一定会碰壁,稍微一转弯,事情就好办了。《孟子》这里的重点是告诉我们,鲁缪公以至礼对待子思,但中间如果没有人来缓和缓和,就无法安顿子思。这是事实,但这一则史实在一般历史资料中没有记载,读了《孟子》,才知道有这回事。

孟子提到泄柳、申详这两个人,他们都是鲁国当时的贤人,也很了不起,尤其是申详,是孔子有名的弟子——子张的儿子。虽然他们不如子思在鲁缪公心目中的分量,但是鲁缪公也很器重他们。当时他们两人也都有缪公的人在身边,替他们传话转圜。

孟子讲这些话究竟什么意思呢?他是说,我与齐王之间的关系,也同样需要有人在中间做转圜。

"子为长者虑,而不及子思。子绝长者乎?长者绝子乎?"

孟子对这个客人说,你很恭敬我,待我以长者,希望改善我和齐王的关系。你有这个理想,但是你有这个本事吗?为人处世的艺术是很不简单的,你想撮合齐王和我的关系,那么你是不是能做得像鲁缪公与子思之间那么的圆满呢?

年轻的同学们想想看,孟子为什么这么讲,道理在哪里?孟子这些话等于是在骂他"狗拿耗子,多管闲事"。你自作主张,很热心地跑来留我,如果我真答应留下来了,难道你做得了主吗?齐王并没有托你呀!"子绝长者乎?长者绝子乎?"所以,你说我是不是不该理你?是你不了解我呢,还是我不了解你?

所以读古书要用脑子去读,用智慧去读,否则字义虽看懂了,却仍旧不知道讲的是什么意思,读不通。我们前面曾说过孟子这个亚圣的称号,也说过他之所以为亚、所以为圣的地方,现在看了这一段,简直会认为他既不亚也不圣了。他到底是什么意思呢?脾气那么大!话也不说一句,就跑去睡觉了。其实他是有道理的,这就要靠你自己去深入体会了。

这个人冒冒失失地,谁的命令也没奉,就热心跑来,莫名其妙地参与其间。等于人家夫妇吵架,邻居突然有个人,莫名其妙地跑去劝架,本来只是小小地拌个嘴,被他这么一热心调和,东说说、西说说,害得人家越吵越厉害,无法收场!这不是多事吗?就是这个道理。

孟子去齐,尹士语人曰:"不识王之不可以为汤武,则是不明也。识其不可,然且至,则是干泽也。千里而见王,不遇故去,三宿而后出昼,是何濡滞也!士则兹不悦。"

孟子很不得已地离开齐国,因为齐王不采纳他的意见,等于现在特地跑一趟美国,希望对美国政府有所贡献,但是人家根本不理睬,所以只好买张机票又回来了。

为了这件事,背后就有一个齐国人叫尹士的,批评孟子说"不识王之不可以为汤武",我们这位了不起的孟夫子,如此跑了一趟齐国,结果毫无所成地回来了!如果说是他事先不知道齐王不像汤武那般英明,是无法扶助的,却热心地跑去找他,"则是不明也",可见是他孟夫子自己的头脑不清,看不准。"识其不可,然且至",如果说,孟子明知齐王不行、不能扶助,只因人家是当权的,就非去看人家不可,"则是干泽也",无非是想要得到一点好处罢了,那就更不值钱了。"干"是"干禄"的意思,指希求而言,"泽"可引申为利益好处。

"千里而见王",千里迢迢地跑来见齐王,"不遇故去","不遇",不是指碰不到,而是际遇不佳的意思。孟子和齐王父子——齐宣王与齐湣王都很好,只是和他们的政治意见不同,"故去",因此他离开了。

"三宿而后出昼",孟子想要离开齐国,走就走吧,买张飞机票,不就马上可以离开了吗?但是,他却在那边徘徊了三天,还故意留住,大有回首依依之感。"是何濡滞也",他这样拖拖拉拉的是干什么?他是希望齐王留住他吗?"士则兹不悦",他的这种行为,很叫我看不惯。这个人说:老实讲,我因此很看不起他,大丈夫和人主搞不好,说走便走,他却光是嘴上叫,而又留恋着不肯走。既说走，又希望人主能回心转意，留住他。好比两个人吵架，闹翻了，挟着一个皮包要走，走到门口，又回过头来问说："你看怎么样？"那不是太没骨气了吗？

且看孟子对尹士怎样反应的。

> 高子以告。曰："夫尹士恶知予哉！千里而见王，是予所欲也。不遇故去，岂予所欲哉？予不得已也。予三宿而出昼，于予心犹以为速。王庶几改之。王如改诸，则必反予。夫出昼而王不予追也，予然后浩然有归志。予虽然，岂舍王哉！王由足用为善；王如用予，则岂徒齐民安，天下之民举安。王庶几改之，予日望之。予岂若是小丈夫然哉！谏于其君而不受，则怒，悻悻然见于其面，去则穷日之力而后宿哉？"尹士闻之曰："士诚小人也。"

高子是齐人，孟子的弟子，他把尹士的这些话报告了孟子。孟子讲："夫尹士恶知予哉！千里而见王，是予所欲也。"老实说，尹士怎么能够了解我的苦衷？我千里迢迢地跑去找齐王，是希望帮忙他、辅助他。当今社会一两百年的战乱，民生如此痛苦，而齐国是当今第三个霸主，我当然希望能辅助他，安定民生，使天下太平。"不遇故去，岂予所欲哉？予不得已也。"结果我与齐王意见不同，政治观点不同，我不得不走，这难道是我所希望的吗？我是不得已的。

我要离开齐国时，在"昼"这个地方一连住了三晚，我为什么说去，偏偏又留恋着，不忍心离开呢？老实说，我现在虽然离开齐国了，"于予心犹以为速"，内心还正后悔走得太快呢！"王如改诸,则必反予",如果齐王改变态度,就一定会追我回去。

孟子继续说:但是直到我抵达齐国的边境"昼"这个地方,回头一看,齐王并没有派人来追我回去,我才死了这条心,等于佛家讲的:毅然决然地把心放下了。"予虽然,岂舍王哉!"我虽然死了这条心,不过话说回来,悲天悯人的心理还是没有放下,我并没有完全放弃齐王呀!难道除了齐国外,我不爱去别的国家吗?只是当时的情势,"王由足用为善",只有齐国才可能辅助天子实行王道呀!假如齐王肯实行我的计划和理想,则不只是富强了齐国,从此天下人也都得以太平了。所以我心里还是希望能改变他的观念,希望他能回心转意,我天天都还在盼望着。

"予岂若是小丈夫然哉",齐王不了解我,别人又如此地批评我,难道我是气量如此狭窄的小人吗?如果君王不接受自己的意见,我就发脾气,悻悻然满肚子不高兴,并且一怒绝裾而去,这算是大丈夫应有的气度吗?

高子把孟子的这些话回头转告尹士。尹士听了说:"士诚小人也。"唉呀!孟老师说得对,我错了,我完全把观念搞错了,我真是以小人之心度君子之腹!

我们看这一段故事,如果只照字面解释,孟夫子可真是亚也不亚、圣也不圣,连冷猪头也不让他吃了,牌位也不替他立了。其实孟子完全是悲天悯人的胸怀,绝不是为自己的功名、富贵着想;他要救社会、救国家,只有靠权势才有办法。那时候的第一强国是秦,第二强国是南方的楚。秦国是绝不可能行王道的,而楚国又是个新兴的国家,思想、文化各方面不同,也不可能。于是只有靠第三位的齐国了。当时齐国的经济力量绝对可以和秦、楚相抗衡,所以孟子想使这个国家富强起来,天下就可以太平了。他的用心在此,而并不是贪图高位。以前许多高位给他,他都不要,宁可带便当吃冷饭。所以不要随便冤枉古人,不要错怪了他。

五四运动时,要打倒孔家店,孔家店的大老板是孔子,二老板是孟子。孟子的这些地方,都是他们所要打倒的罪状。所以我们读书,要像庙里塑的菩萨一样,顶门上必须另具一只眼睛,好好地思考,把道理点出来。这只眼睛就代表慧眼,并不是顶门上真的又长出一只眼睛来了,那样就不是智慧,而是妖怪了。

　　孟子去齐。充虞路问曰:"夫子若有不豫色然。前日,虞闻诸夫子曰:'君子不怨天,不尤人。'"曰:"彼一时,此一时也。五百年必有王者兴,其间必有名世者。"

五百年必有王者兴

孟子离开齐国了,在路上,就有一个名叫充虞的学生问孟子说:老师,我看你的气色不好,好像心里很烦、很舍不得离开的样子。还记得老师以前教导我们,要不怨天、不尤人。但看老师今天这样子,好像又怨天、又尤人似的。这个学生一定很年轻,所以问起话来这么直爽。

孟子被他这么一问,就答道:"彼一时,此一时也。"唉!孩子,你知道我教你们不怨天、不尤人的时候,当时的环境、心情跟现在完全不同,所以不能一概而论。你说得不错,我心里确实很难过。

孟子接着说,"五百年必有王者兴"。这句话,已成为历史命运的名言。我在两三年前算历史命运时,更肯定了孟子"**五百年必有王者兴**"的预言。自周公以下,五百年有孔子;孔子以后五百年有汉武帝、董仲舒等;又过了五百年,出了梁武帝和达摩;再五百年后,就是宋明理学家——王阳明等;之后五百年就是现代,是中国文化自周公以来的第七个五百年。我们已经老了,不行了,年轻的同学们,赶紧努力,以后就看你们的啦!

中国历史上,五百年出个英雄,我说三百年出个戏子。这不是开玩笑的,我所谓的戏子,并不是现在的所谓电影明星,而是指真正唱得好的戏子,唱得神化了的,这是不可多得的。一个伟大的艺术家,诗人也好、画家也好,都需要经过民族历史文化长期的培养。尤其是一个划时代的人物,更非经过几百年的培养不可。历史、文化造就人才有如此的困难!绝不是目前这种速成班、专修班所能造就出来的。所以说五百年出个英雄、三百年出个戏子,可也真不容易啊!

下面这句话值得注意。"**其间必有名世者**",在这五百年中间,一定有"**名世者**"。什么是名世者呢?就是一个大人物。这个大人物一出现,他的声名、威望就震撼全世界。所以清朝的一位历史学家赵翼写了一首讲历史哲学的诗,他说:

> 李杜诗篇万口传　至今已觉不新鲜
> 江山代有才人出　各领风骚数百年

气魄好大!年轻人要有他的这种气魄才行。你们年轻的一代都喜欢创新,我认为不管哪一方面,要创新都必须有学问基础,没有基础,能创个什么新?现代人动不动就出书,新书出得汗牛充栋,但是这七十年来所出版的书,却很难找到一本值得流传的。"江山代有才人出,各领风骚数百年",大丈夫必须有这种把握才下笔,一下笔就须得有流传数百年的价值才行,绝不轻率!现在报章杂志上的文章,只有五分钟寿命,如果能有一个月的寿命,已经是了不起的作品了。通常是看完了就丢,所以只有五分钟的寿命。

下面,孟子继续他的话。

"由周而来,七百有余岁矣。以其数,则过矣;以其时考之,则可矣。"

自周公开始到孟子的时代,有七百年历史。周朝开国三四百年,就已经开始乱了,到了孔子的时候更乱,所以孔子非常忧心。今天下午,有个朋友介绍一位医生来看我,他说:世界上所有的宗教,都教人为善,而依我行医数十年的经验观察所得,人心是越来越坏了。医生只能治疗生理上的疾病,却没办法医治人的心理疾病。这是什么道理呢?他的这番话很值得注意。我们自称是有五千年文化的民族,但是我们的教育并未能挽救人心的恶化,人真的是越来越坏了。孔子、孟子处在那么乱的时代,一直希望有"王者兴",所以孟子说:"以其数,则过矣;以其时考之,则可矣。"盼望着,就快到了吧!孟子不像孔子那样有神通、能前知,所以他把时间估计差了几百年,一直到汉高祖以后,天下才近似太平,民生才安定下来;到汉武帝时,才重新奠定了中国文化的基础。

> "夫天未欲平治天下也,如欲平治天下,当今之世,舍我其谁也?吾何为不豫哉!"

孟子这句话,牛可吹大了。他感叹说:唉!上天不希望天下太平,假如上天希望天下太平的话,除了我以外,谁还有这个抱负啊!年轻的同学们,包括当年的我们,每一个人都喜欢这句话:"舍我其谁。"好大的口气!现在我们老了,最好就是你们年轻同学了,可是你们要有准备,要有学问、有修养,到时候,才能担当大任。

"吾何为不豫哉",我是心里很难过,我为什么难过呢?因为这个世界的人类太悲惨了,而我却始终还没能施展我的抱负,我怎能不难过呢?谁来救这个世界呢?

好了!孟子的传记到此告一个段落,以后的故事,且听下回分解了。

> 孟子去齐,居休。公孙丑问曰:"仕而不受禄,古之道乎?"曰:"非也。于崇,吾得见王,退而有去志;不欲变,故不受也。继而有师命,不可以请;久于齐,非我志也。"

孟子离开齐国,到了休这个地方。公孙丑说:老师呀,我有一个问题,在肚子里憋了好久,现在我们回到自己国家了,我想请教老师,您在别人的国家替人做事,退休金、待遇也不拿,这难道是"古之道乎"?这是传统的文化观念吗?应该这样做才对吗?

孟子答说:不是的。在齐国,虽然齐王对我那么好,很客气,但他不是真心的,所以我不能接受他的待遇。吃人家的饭,就得替人家做事。"于崇,吾得见王,退而有去志;不欲变,故不受也。"当年,我在崇这个地方,头一次和齐王见面,一见面我就看出来,他不会走我这条路线,他只要霸权,只想侵略人家,所以我就准备离开了,当然不能接受他的待遇。但是,虽然如此,我还是希望他会改变主意,听我的劝导。

"继而有师命,不可以请",我已经决定要走的时候,齐国与燕国打起仗来,国与国之间打仗,各方面的事务都比较忙乱,在这个时候提出辞呈,太对不起人。再则,因齐国有军事行动,为了避免间谍的嫌疑,更不能在这个时候离开,所以只好留下来。

"久于齐,非我志也。"现在齐国总算安定了,像齐王这样把我冷藏在冰箱里,这样不上不下的,我留在齐国,不能对他们有所帮助,这不是我的愿望,所以当然要离开。

孟子最后还是离开了齐国,回到鲁国去了。

南怀瑾先生著述目录

1. 禅海蠡测 （一九五五）
2. 楞严大义今释 （一九六〇）
3. 楞伽大义今释 （一九六五）
4. 禅与道概论 （一九六八）
5. 维摩精舍丛书 （一九七〇）
6. 静坐修道与长生不老 （一九七三）
7. 禅话 （一九七三）
8. 习禅录影 （一九七六）
9. 论语别裁（上） （一九七六）
10. 论语别裁（下） （一九七六）
11. 新旧的一代 （一九七七）
12. 定慧初修 （一九八三）
13. 金粟轩诗词楹联诗话合编 （一九八四）
14. 孟子旁通 （一九八四）
15. 历史的经验 （一九八五）
16. 道家密宗与东方神秘学 （一九八五）
17. 习禅散记 （一九八六）
18. 中国文化泛言（原名"序集"） （一九八六）
19. 一个学佛者的基本信念 （一九八六）
20. 禅观正脉研究 （一九八六）

21. 老子他说　（一九八七）

22. 易经杂说　（一九八七）

23. 中国佛教发展史略述　（一九八七）

24. 中国道教发展史略述　（一九八七）

25. 金粟轩纪年诗初集　（一九八七）

26. 如何修证佛法　（一九八九）

27. 易经系传别讲（上传）　（一九九一）

28. 易经系传别讲（下传）　（一九九一）

29. 圆觉经略说　（一九九二）

30. 金刚经说什么　（一九九二）

31. 药师经的济世观　（一九九五）

32. 原本大学微言（上）　（一九九八）

33. 原本大学微言（下）　（一九九八）

34. 现代学佛者修证对话（上）　（二〇〇三）

35. 现代学佛者修证对话（下）　（二〇〇四）

36. 花雨满天　维摩说法（上下册）　（二〇〇五）

37. 庄子諵譁（上下册）　（二〇〇六）

38. 南怀瑾与彼得·圣吉　（二〇〇六）

39. 南怀瑾讲演录二〇〇四—二〇〇六　（二〇〇七）

40. 与国际跨领域领导人谈话　（二〇〇七）

41. 人生的起点和终站　（二〇〇七）

42. 答问青壮年参禅者　（二〇〇七）

43. 小言黄帝内经与生命科学　（二〇〇八）

44. 禅与生命的认知初讲　（二〇〇八）

45. 漫谈中国文化　（二〇〇八）

46. 我说参同契（上册）　（二〇〇九）

47. 我说参同契（中册）　（二〇〇九）

48. 我说参同契（下册）　（二〇〇九）

49. 老子他说续集　（二〇〇九）

50. 列子臆说（上册）　（二〇一〇）

51. 列子臆说（中册）　（二〇一〇）

52. 列子臆说（下册）　（二〇一〇）

53. 孟子与公孙丑　（二〇一一）

54. 瑜伽师地论　声闻地讲录（上册）　（二〇一二）

55. 瑜伽师地论　声闻地讲录（下册）　（二〇一二）

56. 廿一世纪初的前言后语（上册）　（二〇一二）

57. 廿一世纪初的前言后语（下册）　（二〇一二）

58. 孟子与离娄　（二〇一二）

59. 孟子与万章　（二〇一二）

60. 宗镜录略讲（卷一至五）　（二〇一三至二〇一五）

61. 南怀瑾禅学讲座（上）　（二〇一七）

打开微信，扫码听南怀瑾著作有声书

《论语别裁》有声书

《孟子旁通》有声书

打开微信，扫码看南怀瑾著作电子书

《易经杂说》电子书

《原本大学微言》电子书

购买南怀瑾先生纸质图书，请打开淘宝，扫码登陆复旦大学出版社天猫旗舰店

打开微信,扫码观看
《复旦大学出版社南怀瑾著作出版纪程》视频

打开微信,扫码观看
南怀瑾先生授课原声视频

图书在版编目(CIP)数据

孟子与公孙丑/南怀瑾著述. —上海：复旦大学出版社,2017.6(2024.7重印)
ISBN 978-7-309-12904-5

Ⅰ.孟… Ⅱ.南… Ⅲ.①儒家 ②《孟子》-研究 Ⅳ.B222.55

中国版本图书馆 CIP 数据核字(2017)第 058875 号

孟子与公孙丑
南怀瑾　著述
出　品　人/严　　峰
责任编辑/邵　　丹

复旦大学出版社有限公司出版发行
上海市国权路 579 号　邮编：200433
网址：fupnet@fudanpress.com　　http://www.fudanpress.com
门市零售：86-21-65102580　　团体订购：86-21-65104505
出版部电话：86-21-65642845
上海新艺印刷有限公司

开本 787 毫米×960 毫米　1/16　印张 16.5　字数 173 千字
2017 年 6 月第 1 版
2024 年 7 月第 1 版第 5 次印刷

ISBN 978-7-309-12904-5/B・603
定价：30.00 元

如有印装质量问题,请向复旦大学出版社有限公司出版部调换。
版权所有　　侵权必究